Collection Idées-

Un monde fou en Scoubidous

Lucille Allirand

*À mes parents, mon frère, ma sœur,
pour leur soutien,
et à tous ceux que j'aime.*

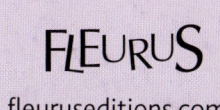

FLEURUS
fleuruseditions.com

Pour poser une question et tout savoir sur l'actualité des scoubidous, tu peux te connecter sur le site de l'auteur : www.creascoubidou.fr.st

Direction éditoriale : **Christophe Savouré**
Édition : **Christine Hooghe**
Contribution éditoriale : **Camille Ledoux**
Direction artistique : **Laurent Quellet et Thérèse Jauze**
Conception et réalisation graphique : **Killiwatch**
Photographies : **Olivier D'Huissier**
Illustrations techniques : **Laurent Blondel**
Illustrations des pages d'ouvertures : **Delphine Vaufrey**
Fabrication : **Catherine Maestrati**

Photogravure : **SOSG Rouen/Turquoise**
Imprimé par **Edelvives**, en Espagne, en novembre 2010

© Fleurus Éditions, Paris, juin 2005
Dépôt légal : juin 2005
ISBN : 978-2-215-07627-8
3ᵉ édition – n° d'édition : P10122
Code MDS : 590195

Loi n°49-956 du 16 juillet 1949
sur les publications destinées à la jeunesse.

Sommaire

- Matériel — 4
- Techniques — 6
- Les scoubidous — 8
- Le petit marché — 12
- Au fond de l'océan — 22
- Dans mon jardin — 30
- Vacances à la plage — 38
- Petites bêtes pas bêtes — 46
- Animaux du monde — 56

matériel

Fils à scoubidou

On en trouve de toutes les couleurs : opaques, transparents, phosphorescents, irisés et même pailletés ! Tu pourras t'en procurer principalement dans les boutiques de loisirs créatifs, dans les magasins de jouets, dans certaines merceries et sur les marchés.

Il existe différentes sortes de fils à scoubidou : les creux, qui sont les plus courants, les ronds pleins et les plats. Les modèles de ce livre sont réalisés à partir de fils creux dans lesquels on peut glisser un fil de fer pour leur donner une forme.

Les fils à scoubidou sont généralement vendus en longueurs de 90 cm. Pour chaque modèle, la longueur de fil nécessaire est précisée dans la liste du matériel. Conserve les chutes de fils, elles pourront te servir pour d'autres réalisations.

Autre matériel

Stylo ou crayon
Pour commencer un scoubidou par une boucle, aide-toi d'un stylo ou d'un crayon autour duquel tu pourras la former.

Fil de fer
Il sert à armer un fil ou à armer un scoubidou. Selon les modèles, il te faudra du fil de fer fin (0,4 mm) ou fort (0,7 mm).

Ciseaux
N'importe quelle paire de ciseaux fera l'affaire pour couper les fils à scoubidou, mais des ciseaux fins, comme ceux destinés à la broderie, permettent d'obtenir des finitions invisibles. Pour les fils de fer, utilise des ciseaux usagés ou une pince coupante en veillant à ne pas te blesser.

Colle
La colle sert à réaliser ou à renforcer certains assemblages. L'idéal est d'utiliser une colle à prise rapide adaptée aux matières plastiques.
Si tu emploies une colle à prise lente, maintiens l'assemblage avec des pinces à linge pendant le séchage.

Attention
La colle à prise rapide est à utiliser avec précaution et toujours en présence d'un adulte.

Petits accessoires
Des yeux mobiles et des perles de rocaille sont parfaits pour figurer des yeux. Des boutons ou des perles un peu plus grosses te seront également très utiles.

Anneaux
Des petits anneaux te permettront de transformer des scoubidous simples et certains modèles plus élaborés en pendentif ou de les accrocher à la fermeture-éclair d'un vêtement. En les suspendant à un anneau de porte-clés, tu pourras emporter tes réalisations partout.

*Voici un joli collier printanier !
Pour les finitions, encolle
puis rabats les languettes
d'un pince-plume à chaque
extrémité d'un fil à scoubidou.
Relie ensuite un fermoir
par des anneaux.
Pour les explications du papillon,
reporte-toi à la page 54.*

techniques

Commencer un scoubidou

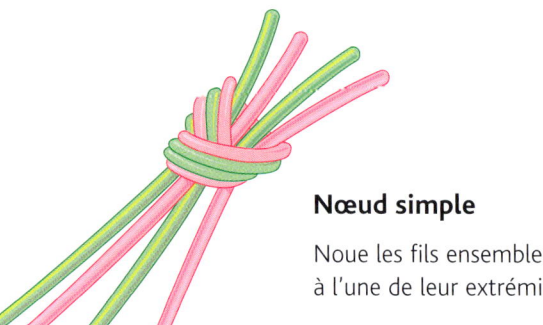

Nœud simple
Noue les fils ensemble à l'une de leur extrémité.

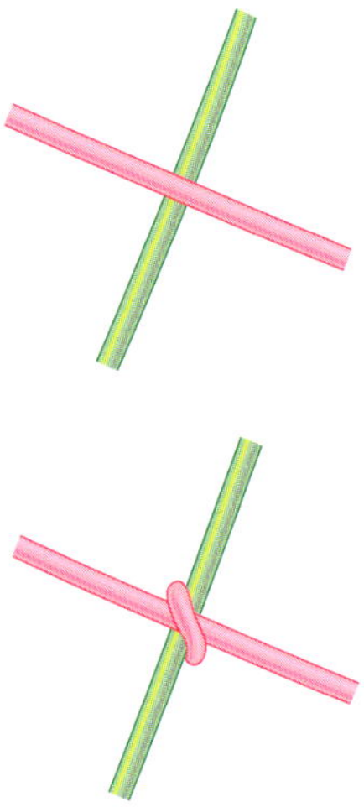

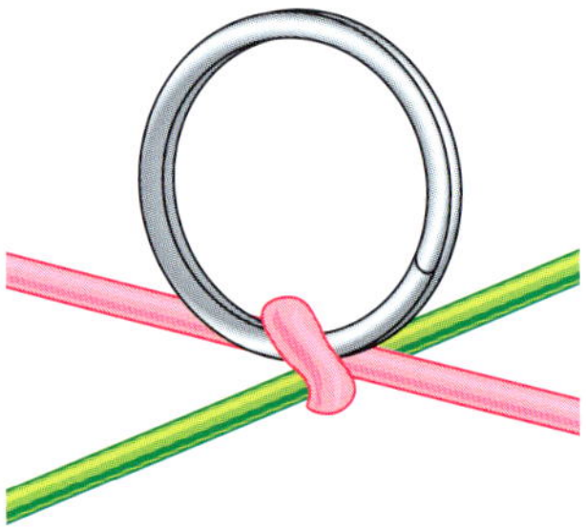

Boucles

Boucle simple :
noue un fil en son milieu autour d'un stylo. Fais un nœud lâche et place le ou les fils en leur milieu dans la boucle formée. Serre. Réalise quelques maillages et ôte le stylo.

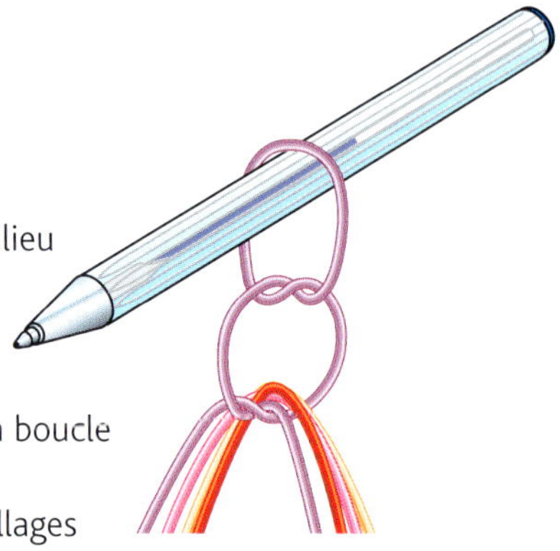

Tu peux aussi supprimer le premier nœud. Cette variante est très jolie, mais un peu plus délicate à réaliser.

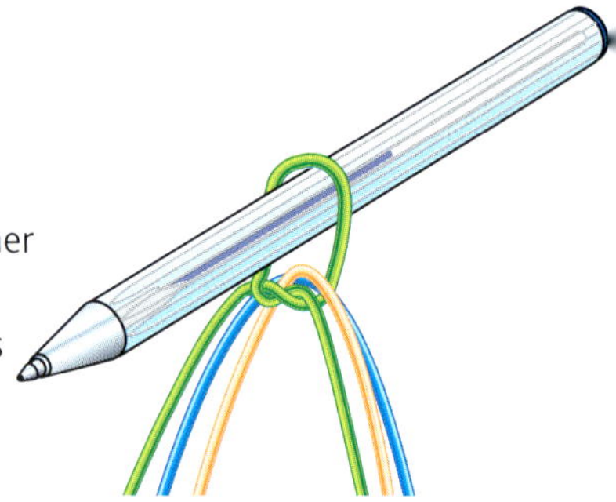

Nœud caché
Croise 2 fils en leur milieu et noue un des fils sur l'autre. Tu peux commencer alors un scoubidou à 4 fils. Pour un scoubidou à 6 fils, noue un fil sur 2 fils.

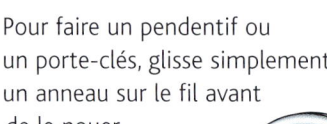

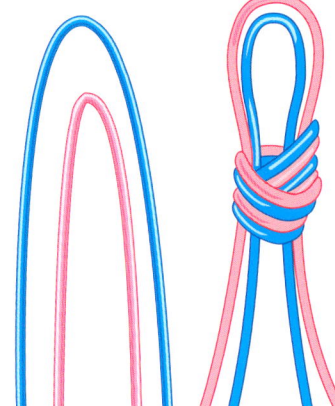

Boucle double :
Pour réaliser un scoubidou à 4 brins, plie simplement 2 fils en leur milieu et noue-les.

Pour faire un pendentif ou un porte-clés, glisse simplement un anneau sur le fil avant de le nouer.

Arrêter un scoubidou

Finitions parfaites

La plupart des modèles de ce livre commencent par un nœud simple que l'on défait à la fin. Le ou les premiers maillages comportent généralement des défauts. Défais-les aussi puis tresse-les à nouveau. Si le scoubidou est armé, coupe le fil de fer avant de refaire les maillages.

Il est aussi possible de glisser un petit anneau dans le dernier maillage, pour transformer le modèle en pendentif.

Arrêt simple

Serre bien le dernier maillage, puis coupe chaque fil à ras tout en le tirant. Si tu trouves que le maillage est un peu lâche, pose un point de colle.

Attention

Ne brûle pas l'extrémité de ton scoubidou. Tu risques de te faire mal et en plus cela noircit les fils !

Arrêt arrondi

Pour les scoubidous à 4 fils, noue 2 fils en diagonale. Serre. Coupe à ras.

Tressage

Avant de réaliser le premier maillage, observe bien le schéma pour placer les fils selon leur couleur et leur longueur.

Pour éviter de casser les fils, tire-les progressivement l'un après l'autre.

Armatures

Armer un fil

Glisse un fil de fer dans le fil à scoubidou creux.

Armer un scoubidou

Avec un nœud simple : glisse un fil de fer au centre du nœud en le laissant dépasser d'1 ou 2 cm. Réalise les maillages autour du fil de fer.

Avec un nœud caché : On procède comme avec un nœud simple, mais sans faire dépasser le fil de fer.

Astuce : pour éviter de te blesser avec le fil de fer, pique un petit morceau de gomme à chaque extrémité.

Diminution

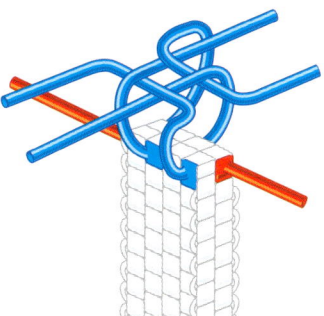

Il suffit de laisser 2 fils en attente et de continuer le scoubidou avec le nouveau nombre de fils. Attends 3 ou 4 maillages avant de couper les fils écartés.

Commencé avec 10 fils et terminé avec 4 fils, ce scoubidou est un bel exemple de diminutions !

Insertions

Au cours des explications, tu trouveras un schéma précis accompagnant chaque insertion.

Insertion centrale

Glisse un fil au centre du maillage avant de le serrer. Réalise les maillages suivants autour du nouveau fil.

Augmentation

Fais un maillage et avant de le serrer, insère un ou plusieurs nouveaux fils dessous. Serre. Tu ajoutes ainsi 2 nouveaux fils ou plus à tresser avec les autres.

Changement de couleur

Insère de nouveaux fils sous un maillage comme pour une augmentation. Au maillage suivant, tresse avec les nouveaux fils. Attends quelques maillages avant de recouper les fils de la première couleur.

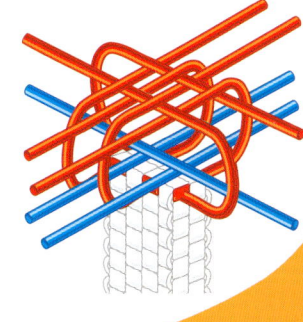

les scoubidous

Scoubidou à 3 fils

1. Fais un nœud simple. Dispose les fils comme sur les schémas.

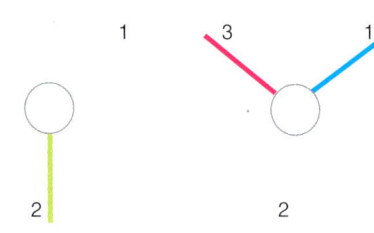

avec 2 couleurs   avec 3 couleurs

2. Passe le fil 1 sur le fil 2 et laisse-le pendre, puis le fil 2 sur le fil 3 et laisse-le pendre.

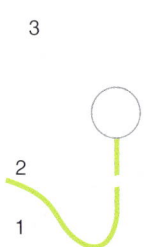 

3. Passe le fil 3 dans la boucle du fil 1 et serre ce premier maillage. Replace les fils comme au départ et continue ainsi jusqu'à la longueur désirée.

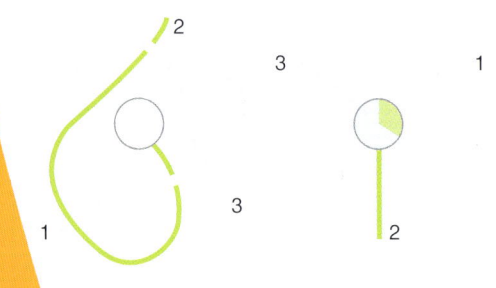

Scoubidou rond creux à 6, 8 ou 10 fils

Ces scoubidous se réalisent selon le même principe que le scoubidou à 3 fils.

1. Fais le nœud de ton choix. Dispose les fils comme sur les schémas ou modifie la disposition pour obtenir d'autres motifs.

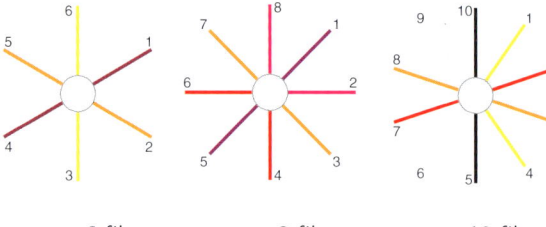

avec 6 fils   avec 8 fils   avec 10 fils

2. Passe le fil 1 sur le fil 2 et laisse-le pendre. Passe le fil 2 sur le fil 3 et laisse-le pendre. Passe le fil 3 sur le fil 4 et laisse-le pendre, et ainsi de suite.

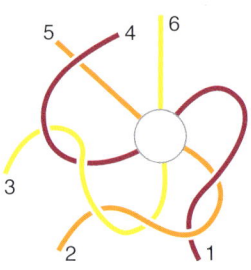

3. Passe le dernier fil dans la boucle du fil 1 et serre ce premier maillage. Replace les fils comme au départ et continue ainsi jusqu'à la longueur désirée.

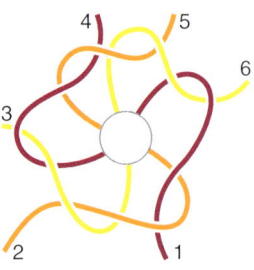

Scoubidou carré à 4 fils

1. Fais le nœud de ton choix.
Dispose les fils comme sur les schémas.

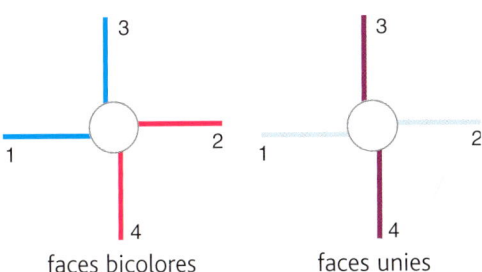

faces bicolores   faces unies

2. Forme 2 boucles avec les fils 1 et 2.
Glisse le fil 3 dans la boucle du fil 1 et le fil 4
dans la boucle du fil 2.

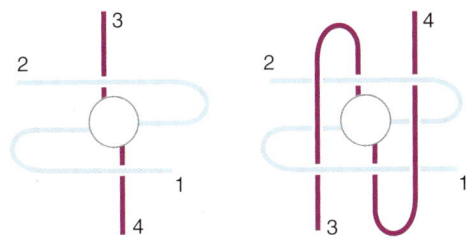

3. Serre ce premier maillage. Recommence jusqu'à
la longueur désirée.

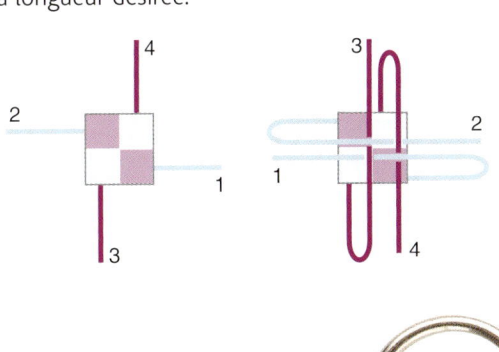

Scoubidou rond à 4 fils

1. Fais le nœud de ton choix. Dispose les fils
comme sur les schémas selon le motif désiré.

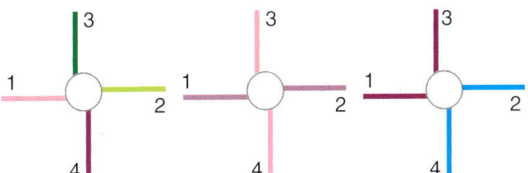

chiné 4 couleurs   rayures obliques   escaliers

2. Réalise un premier
maillage comme pour
un scoubidou carré à 4 fils.

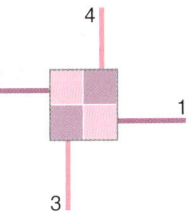

3. Forme 2 boucles en diagonale. Passe les 2
autres fils dans ces boucles. Serre.

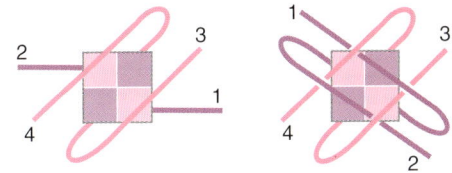

4. Répète l'étape 3 jusqu'à la longueur désirée.

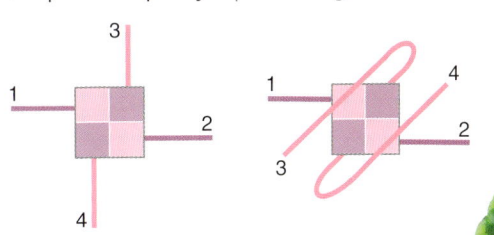

*Rond ou carré ?
Amuse-toi à les panacher.*

Scoubidou carré à 8 fils

1. Fais le nœud de ton choix et place les fils comme sur le schéma.

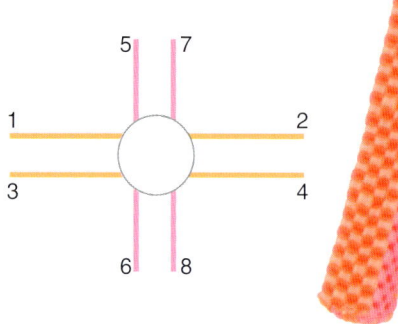

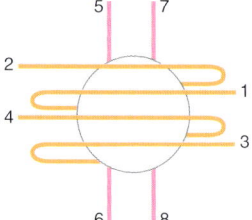

2. Forme 4 boucles avec les fils 1, 2, 3, et 4.

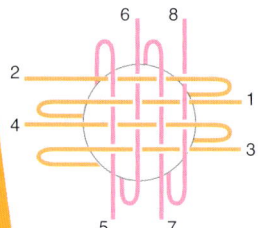

3. Tisse les fils 5, 6, 7 et 8. Tire-les progressivement.

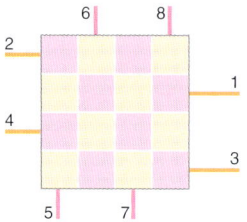

4. Serre en vérifiant le placement des fils. Tu obtiens un damier de 16 petits carrés de couleur.

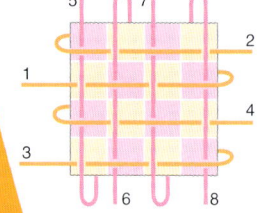

5. Forme à nouveau 4 boucles avec les fils 1, 2, 3, et 4, puis tisse les autres fils. Serre. Recommence jusqu'à la longueur désirée.

Scoubidou rond à 8 fils

1. Fais le nœud de ton choix et place les fils comme sur le schéma.

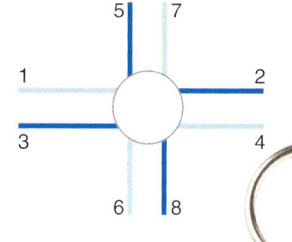

2. Pour le premier maillage, procède comme pour un scoubidou carré à 8 fils (étapes 2, 3 et 4).

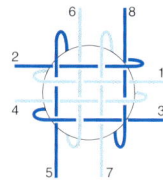 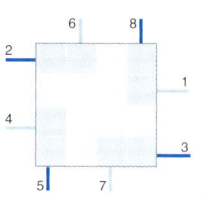

3. Pour le deuxième maillage, décompose le carré en 2 rectangles horizontaux. Forme des boucles en diagonale avec les fils 1 et 2, puis 3 et 4.

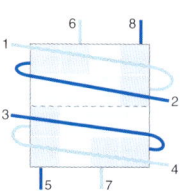

4. Décompose maintenant le carré en 2 rectangles verticaux. Tisse les fils 5 et 6, puis 7 et 8 en diagonale. Serre.

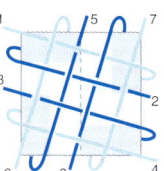 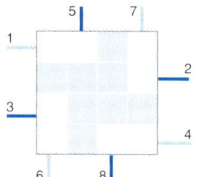

5. Réalise le troisième maillage selon le même principe que le deuxième.

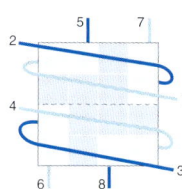 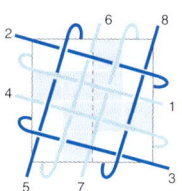

6. Serre puis recommence les étapes 3 à 5 jusqu'à la longueur désirée.

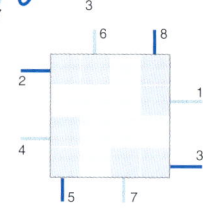

Scoubidou rectangulaire à 6, 8, 10 fils ou plus

1. Fais le nœud de ton choix. Les fils 1 et 2 doivent être plus longs car ils diminuent plus vite que les autres. Dispose les fils comme sur les schémas ou selon ta fantaisie.

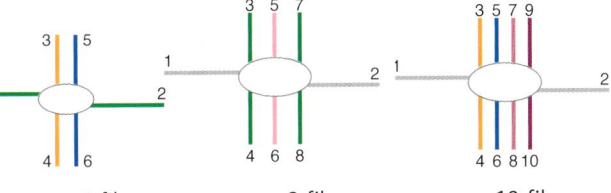

avec 6 fils   avec 8 fils   avec 10 fils

2. Forme 2 boucles avec les fils 1 et 2.

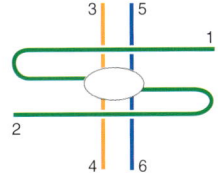

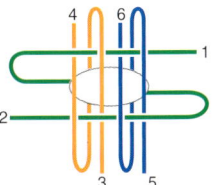

3. Tisse les autres fils. Procède de la même manière pour les scoubidous à 8, 10 fils ou plus.

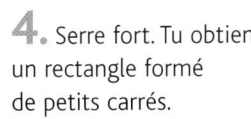

4. Serre fort. Tu obtiens un rectangle formé de petits carrés.

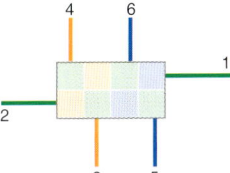

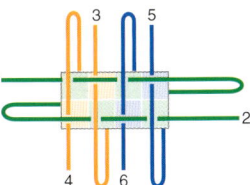

5. Forme à nouveau 2 boucles avec les fils 1 et 2, puis tisse les autres fils. Continue ainsi jusqu'à la longueur désirée.

Scoubidou spirale à 6, 8, 10 fils ou plus

1. Fais le nœud de ton choix. Les fils 1 et 2 doivent être plus longs car ils diminuent plus vite que les autres. Dispose les fils comme sur les schémas ou selon ta fantaisie.

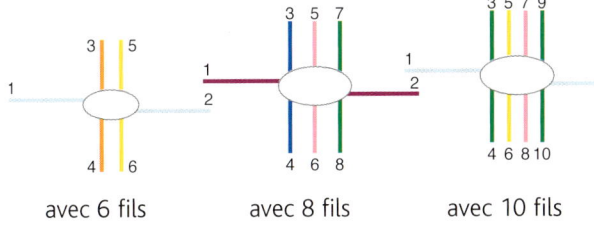

avec 6 fils   avec 8 fils   avec 10 fils

2. Fais un premier maillage comme pour un scoubidou rectangulaire (étapes 2, 3 et 4).

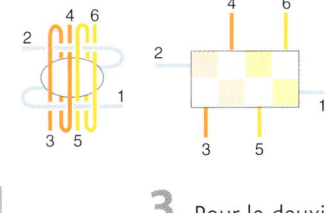

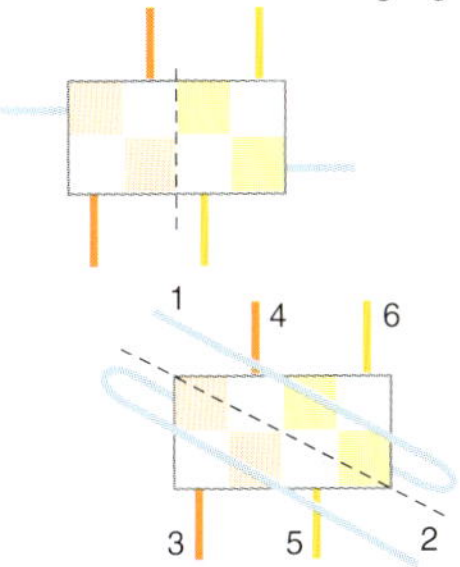

3. Pour le deuxième maillage, décompose le rectangle en carrés comportant 4 petits carrés. Avec les fils 1 et 2, forme deux boucles en diagonale.

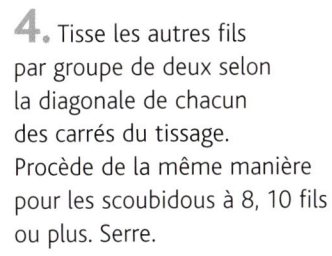

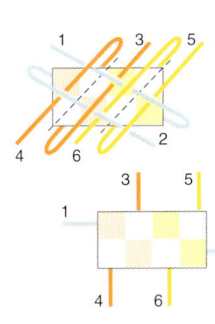

4. Tisse les autres fils par groupe de deux selon la diagonale de chacun des carrés du tissage. Procède de la même manière pour les scoubidous à 8, 10 fils ou plus. Serre.

5. Réalise les maillages suivants selon le même principe jusqu'à la longueur désirée.

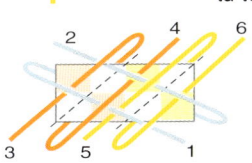

11

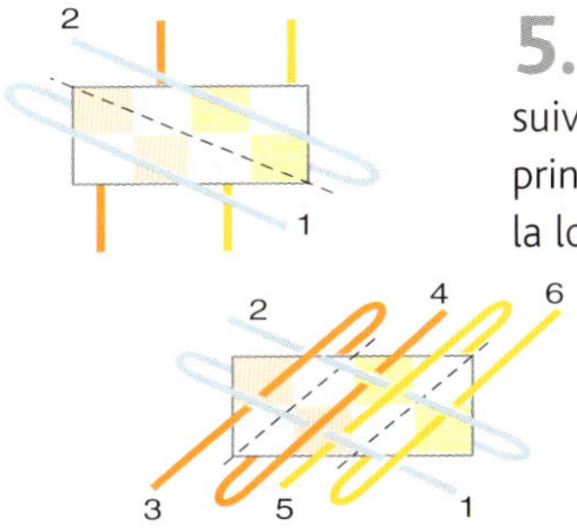

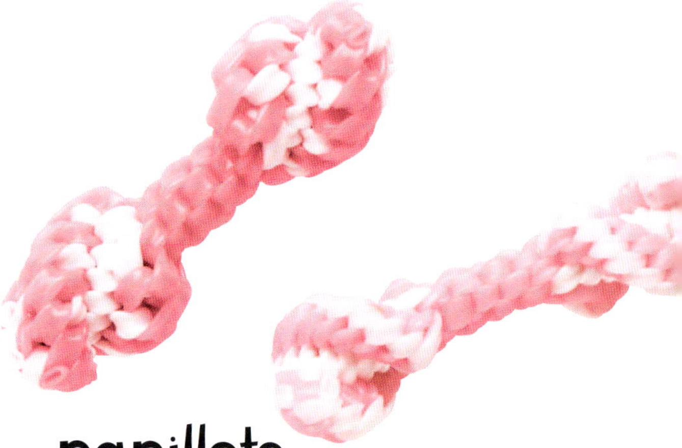

Le petit marché

bonbon

Matériel

★ fils à scoubidou orange :
4 de 20 cm et 2 de 10 cm
★ 4 fils à scoubidou rouges de 20 cm

1. Fais un **nœud simple** avec les 8 fils de 20 cm. Place les fils comme tu le souhaites et réalise six maillages carrés.

2. Insère un fil orange dans le maillage suivant. Serre. Noue le fil orange en rosette.

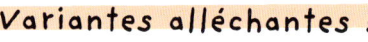

3. Défais le nœud du début. Desserre le premier maillage puis procède comme pour l'autre côté.

Variantes alléchantes !

Change les couleurs, le nombre et la forme des maillages.

papillote

Matériel

★ 4 fils à scoubidou roses de 35 cm
★ 4 fils à scoubidou blancs de 30 cm

1. Fais un **nœud simple** au milieu des 4 fils roses. Fais quatre maillages ronds avec les fils d'un côté du nœud.

2. Au maillage suivant, **insère** 2 fils blancs. Serre. Fais neuf maillages de scoubidou spirale à 8 fils.

3. Pour réaliser l'autre côté, défais le nœud. Répète l'étape 2, puis coupe tous les fils.

sucette rose

Matériel

★ fils à scoubidou roses :
   2 de 50 cm, 6 de 35 cm
★ 1 fil à scoubidou blanc de 7 cm
★ fil de fer fin

1. Fais un **nœud simple** avec les 6 fils roses de 35 cm. Réalise trois maillages rectangulaires.

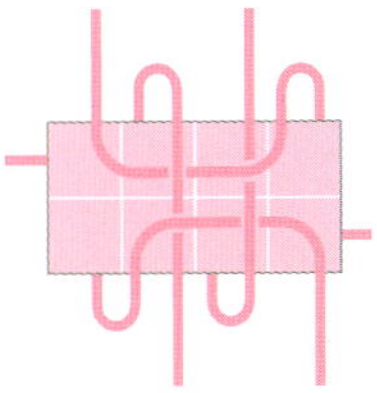

2. Diminue de 2 fils et fais un maillage carré.

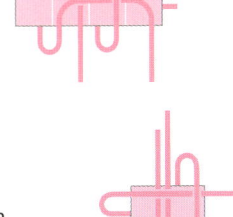

3. Au maillage suivant, **insère** un fil rose de 50 cm. Serre. Fais deux maillages rectangulaires à 6 fils.

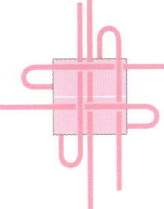

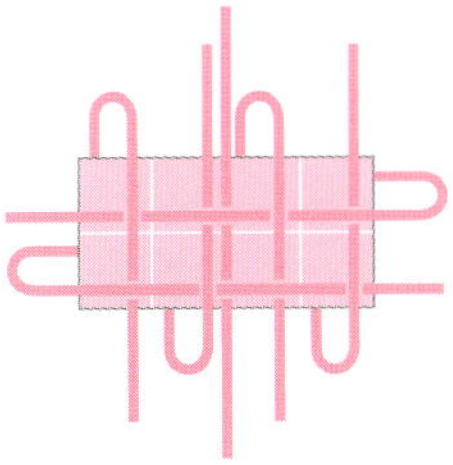

4. Au maillage suivant, **insère** le dernier fil rose. Serre. Fais huit maillages rectangulaires à 8 fils.

5. Arme le fil blanc. **Insère**-le au centre du maillage suivant. Serre. Fais quatre autres maillages autour du fil blanc.

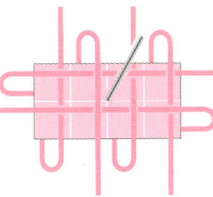

6. Défais le nœud et coupe les fils roses.

sucette de fête foraine

Matériel

★ 2 fils à scoubidou blancs de 35 cm
★ 4 fils à scoubidou de couleur vive de 35 cm
★ 1 fil à scoubidou marron de 5 cm
★ fil de fer fin

1. Fais un **nœud simple** avec tous les fils. Place bien les fils et réalise quinze maillages de scoubidou spirale.

2. Diminue de 2 fils.

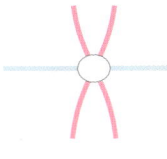

3. Arme le fil marron. **Insère**-le au centre du maillage suivant. Serre. Fais trois maillages ronds autour du fil marron armé.

4. Défais le nœud et coupe tous les fils.

Astuce

Pour bien fixer les bâtons des sucettes, ajoute un point de colle quand tu les insères.

Le petit marché

pain au chocolat

Matériel

★ 6 fils à scoubidou beiges de 35 cm
★ 1 fil à scoubidou noir de 5 cm
★ fil de fer fin

1. **Arme** le fil noir. Fais un **nœud simple** au milieu des fils beiges autour du fil noir.

2. Plie le fil noir et fais plusieurs maillages rectangulaires autour jusqu'à ce qu'il ne dépasse plus que de 3 mm.

3. Défais le nœud et tresse l'autre côté du pain de la même manière. Coupe tous les fils.

croissant

Matériel

★ 9 fils à scoubidou beiges de 40 cm
★ 2 fils de fer fort de 15 cm

La pointe

1. Fais un **nœud caché** avec 2 fils en glissant un fil de fer au centre. Réalise trois maillages ronds autour du fil de fer.

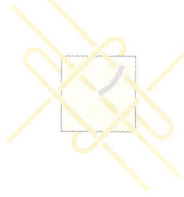

2. **Insère** un fil au maillage suivant. Serre. Fais huit maillages rectangulaires.

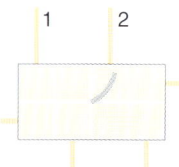

3. Repère les fils qui seront à insérer.

La base

4. Fais un **nœud simple** au milieu des 6 autres fils en glissant le fil de fer au centre.

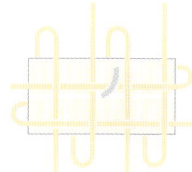

5. Réalise un maillage rectangulaire autour du fil de fer fort.

6. Aux deux maillages suivants, assemble la pointe comme sur les schémas.

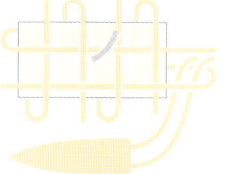
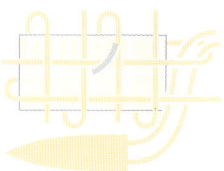

7. Réalise ensuite sept autres maillages. **Diminue** de 2 fils et fais deux maillages carrés. Coupe le fil de fer et fais un autre maillage.

8. Défais le nœud. Répète l'étape 7. Coupe tous les fils et mets le croissant en forme.

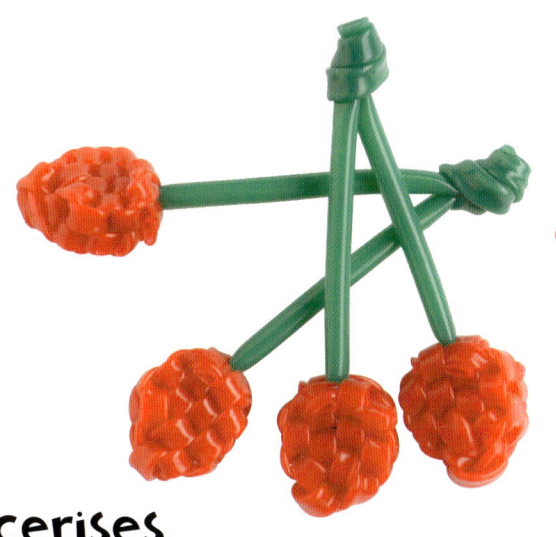

cerises

Matériel

Pour chaque cerise :

★ fils à scoubidou rouges : 2 de 40 cm, 1 de 20 cm
★ 1 fil à scoubidou vert de 10 cm
★ fil de fer fin

1. Fais un **nœud caché** avec les 2 fils rouges de 40 cm. Réalise un maillage carré sans le serrer.

2. Insère le fil rouge de 20 cm. Serre. Fais trois maillages rectangulaires.

3. Pour la queue, arme le fil vert. **Insère**-le au centre du maillage suivant. Serre.

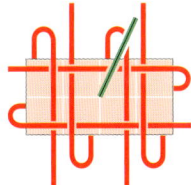

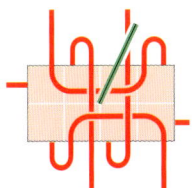

4. Diminue de deux fils et fais un maillage carré autour du fil vert armé. Coupe les fils rouges.

5. Si tu le souhaites, réalise une seconde cerise. Relie les queues par un **nœud simple**, puis recoupe-les si nécessaire.

Astuce

Pour bien fixer la queue, ajoute un point de colle quand tu l'insères.

banane

Matériel

★ 2 fils à scoubidou noirs de 6 cm
★ 3 fils à scoubidou jaunes de 35 cm
★ 15 cm de fil de fer fort

1. Avec les 2 fils noirs, fais un **nœud caché** en glissant le fil de fer au centre. Réalise un maillage carré autour du fil de fer sans le serrer. Pour changer de couleur, **insère** 2 fils jaunes. Serre. Fais un maillage carré.

2. Au maillage suivant, **insère** le dernier fil jaune. Serre. Fais quinze maillages rectangulaires à 6 fils.

3. Coupe le fil de fer. **Diminue** de 2 fils et fais deux maillages carrés.

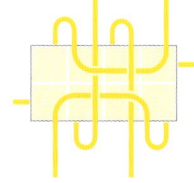

4. Coupe tous les fils et mets la banane en forme.

Le petit marché

citron

Matériel

★ fils à scoubidou jaunes : 4 de 30 cm, 2 de 15 cm

1. Fais un **nœud simple** avec 2 fils de 30 cm et les 2 fils de 15 cm. Place bien les fils et réalise un maillage carré.

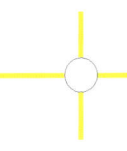

2. Au maillage suivant, **insère** un fil de 30 cm. Serre. Fais un maillage rectangulaire.

3. Au maillage suivant, **insère** le dernier fil. Serre. Fais six maillages rectangulaires à 8 fils.

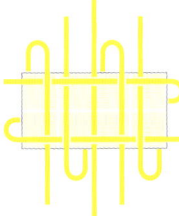

4. **Diminue** de 2 fils et fais deux maillages rectangulaires à 6 fils.

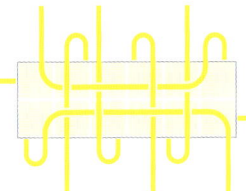

5. **Diminue** de 2 fils et fais deux maillages carrés.

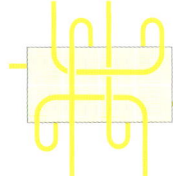

6. Défais le nœud et coupe tous les fils.

fraise

Matériel

★ fils à scoubidou rouges : 1 de 35 cm, 3 de 30 cm, 3 de 20 cm

★ 4 fils à scoubidou verts de 20 cm

1. Fais un **nœud simple** avec 2 fils rouges de 30 cm et 2 fils rouges de 20 cm. Place les fils les plus longs à droite et à gauche et réalise un maillage carré sans le serrer. **Insère** le fil rouge de 35 cm. Serre. Fais un maillage rectangulaire.

2. Au maillage suivant, **insère** 1 fil rouge de 30 cm. Serre. Fais trois maillages rectangulaires à 8 fils.

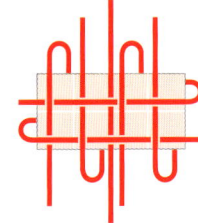

3. Au maillage suivant, **insère** le dernier fil rouge. Serre. Fais deux maillages rectangulaires à 10 fils.

4. Change de couleur au maillage suivant : **insère** les 4 fils verts. Serre. Fais deux maillages rectangulaires à 8 fils.

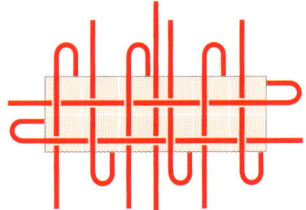

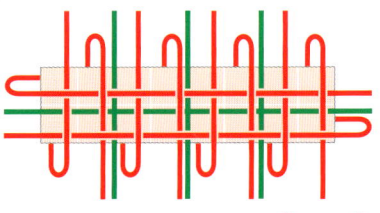

5. **Diminue** de 2 fils et fais un maillage rectangulaire à 6 fils.

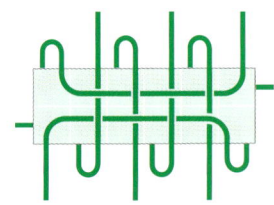

6. Défais le nœud et coupe tous les fils.

poire

Matériel

- ★ fils à scoubidou jaunes :
  1 de 40 cm,
  2 de 35 cm,
  1 de 30 cm,
  2 de 20 cm
- ★ 1 fil à scoubidou noir de 5 cm

1. Fais un **nœud simple** avec les 2 fils jaunes de 35 cm et les 2 fils jaunes de 20 cm autour du fil noir. Place les fils les plus longs à droite et à gauche et réalise un maillage carré autour du fil noir.

2. Au maillage suivant, **insère** le fil jaune de 40 cm. Serre. Fais trois maillages rectangulaires à 6 fils.

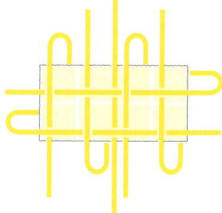

3. Au maillage suivant, **insère** le fil jaune de 30 cm. Serre. Fais six maillages rectangulaires à 8 fils.

4. Défais le nœud. Coupe les fils jaunes. Raccourcis la tige.

raisin

Matériel

- ★ fils à scoubidou violets :
  2 fils de 40 cm, 2 de 30 cm, 2 de 20 cm
- ★ 1 fil à scoubidou vert de 5 cm

1. Fais un **nœud simple** avec les 2 fils violets de 40 cm et les 2 fils violets de 20 cm. Place les fils les plus longs à droite et à gauche et réalise un maillage carré.

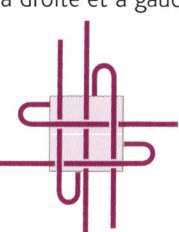

2. Au maillage suivant, **insère** un fil violet de 30 cm. Serre. Fais deux maillages rectangulaires à 6 fils.

3. Au maillage suivant, **insère** le dernier fil violet. Serre. Fais deux maillages rectangulaires à 8 fils.

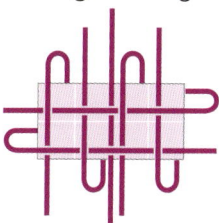

4. Insère le fil vert au centre du maillage suivant. Serre. Fais deux autres maillages autour du fil vert.

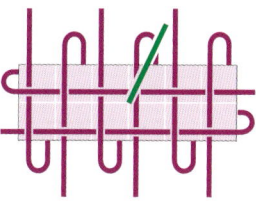

5. Défais le nœud. Coupe les fils violets. Raccourcis la tige.

Astuce

Pour bien fixer la tige au fruit, ajoute un point de colle quand tu l'insères.

Le petit marché

poireau

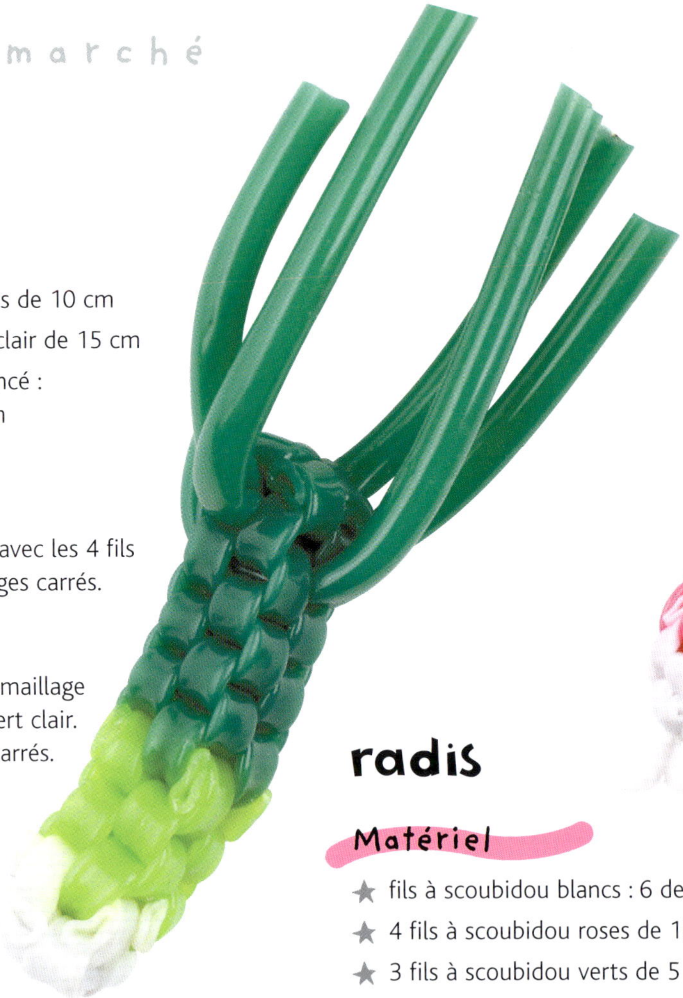

Matériel

★ 4 fils à scoubidou blancs de 10 cm
★ 2 fils à scoubidou vert clair de 15 cm
★ fils à scoubidou vert foncé : 2 de 20 cm, 3 de 12 cm
★ fil de fer fin

1. Fais un **nœud simple** avec les 4 fils blancs. Réalise deux maillages carrés.

2. Change de couleur au maillage suivant : **insère** les 2 fils vert clair. Serre. Fais trois maillages carrés.

3. Au maillage suivant, **insère** les 2 fils vert foncé de 20 cm. Serre. Fais cinq maillages carrés.

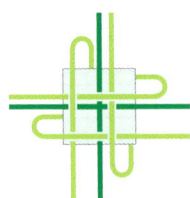

4. Arme les fils vert foncé de 12 cm pour faire les feuilles. **Insère** un fil dans le maillage suivant. Serre. **Insère** les 2 autres dans le maillage suivant. Serre.

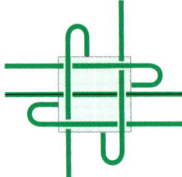 

5. Fais un dernier maillage. Défais le nœud. Coupe les fils. Raccourcis les feuilles et mets-les en forme.

radis

Matériel

★ fils à scoubidou blancs : 6 de 15 cm, 1 de 5 cm
★ 4 fils à scoubidou roses de 15 cm
★ 3 fils à scoubidou verts de 5 cm

1. Fais un **nœud simple** avec 4 fils blancs de 15 cm. Réalise un maillage.

2. Au maillage suivant (rond), **insère** les 2 autres fils blancs de 15 cm. Serre. Fais un maillage de scoubidou rond creux à 8 fils.

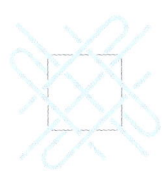

3. Change de couleur au maillage suivant : **insère** les 4 fils roses. Serre. Fais trois maillages de scoubidou rond creux à 8 fils.

4. Diminue de 4 fils et forme un maillage rond sans le serrer.

carotte

Matériel

★ fils à scoubidou orange : 2 de 40 cm, 1 de 35 cm, 1 de 30 cm, 2 de 20 cm

★ 4 fils à scoubidou verts de 20 cm

1. Fais un **nœud simple** avec les 2 fils orange de 40 cm et les 2 fils orange de 20 cm. Place les fils les plus longs à droite et à gauche et réalise un maillage carré.

2. Au maillage suivant, **insère** le fil orange de 35 cm. Serre. Fais trois maillages rectangulaires à 6 fils.

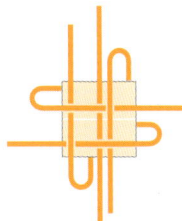

3. Au maillage suivant, **insère** le dernier fil orange. Serre. Fais huit maillages rectangulaires à 8 fils.

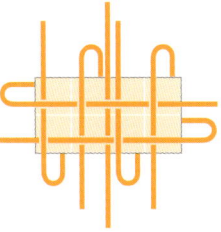

4. Change de couleur au maillage suivant : **insère** les 4 fils verts. Serre. Fais deux autres maillages.

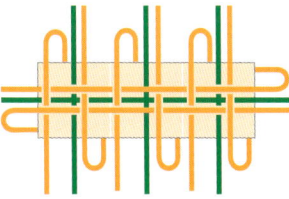

5. **Diminue** de 2 fils et fais deux maillages rectangulaires à 6 fils.

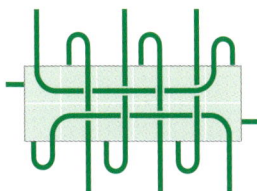

6. Défais le nœud et coupe tous les fils.

5. **Insère** les 3 fils verts au centre du maillage. Serre. Fais un autre maillage rond autour des fils verts.

6. Défais le nœud. Frange le dernier fil blanc. Desserre le premier maillage, **insère** le fil blanc au centre, puis resserre. Coupe tous les fils.

Astuce

Pour bien fixer la racine ou les feuilles, ajoute un point de colle quand tu les insères.

21

Au fond de l'océan

algues

Matériel

★ fils à scoubidou verts ou rouges : 2 de 30 cm, 6 de 20 cm, 5 à 6 fils de 6 cm
★ fil de fer fin

1. Fais un **nœud simple** avec les 6 fils de 20 cm et les 2 fils de 30 cm. Place bien les fils et réalise un maillage rectangulaire.

2. Arme 3 fils de 6 cm et **insère**-les au maillage suivant selon le schéma. Serre.

3. Fais 2 ou 3 autres maillages en **insérant** à ta guise les autres fils armés.

4. Fais un dernier maillage. Défais le nœud. Raccourcis les fils armés et coupe les autres fils.

pieuvre

Matériel

★ fils à scoubidou mauves : 4 de 50 cm, 5 de 30 cm, 4 de 13 cm
★ fil de fer fort
★ yeux mobiles
★ colle

1. Fais un **nœud simple** avec les 2 fils de 50 cm et 4 fils de 30 cm. Place bien les fils et réalise un maillage rectangulaire.

2. Au maillage suivant, **insère** 2 fils de 50 cm. Serre. Fais sept maillages rectangulaires avec les 10 fils.

3. Diminue de 2 fils selon le schéma et fais cinq maillages rectangulaires avec les 8 fils.

4. Au maillage suivant, **insère** un fil de 30 cm. Serre. Fais deux maillages rectangulaires avec les 10 fils.

5. Arme les 4 fils de 13 cm et **insère**-les au maillage suivant. Serre.

6. Défais le nœud et coupe les fils. Vrille les bras autour d'un crayon. Colle les yeux mobiles.

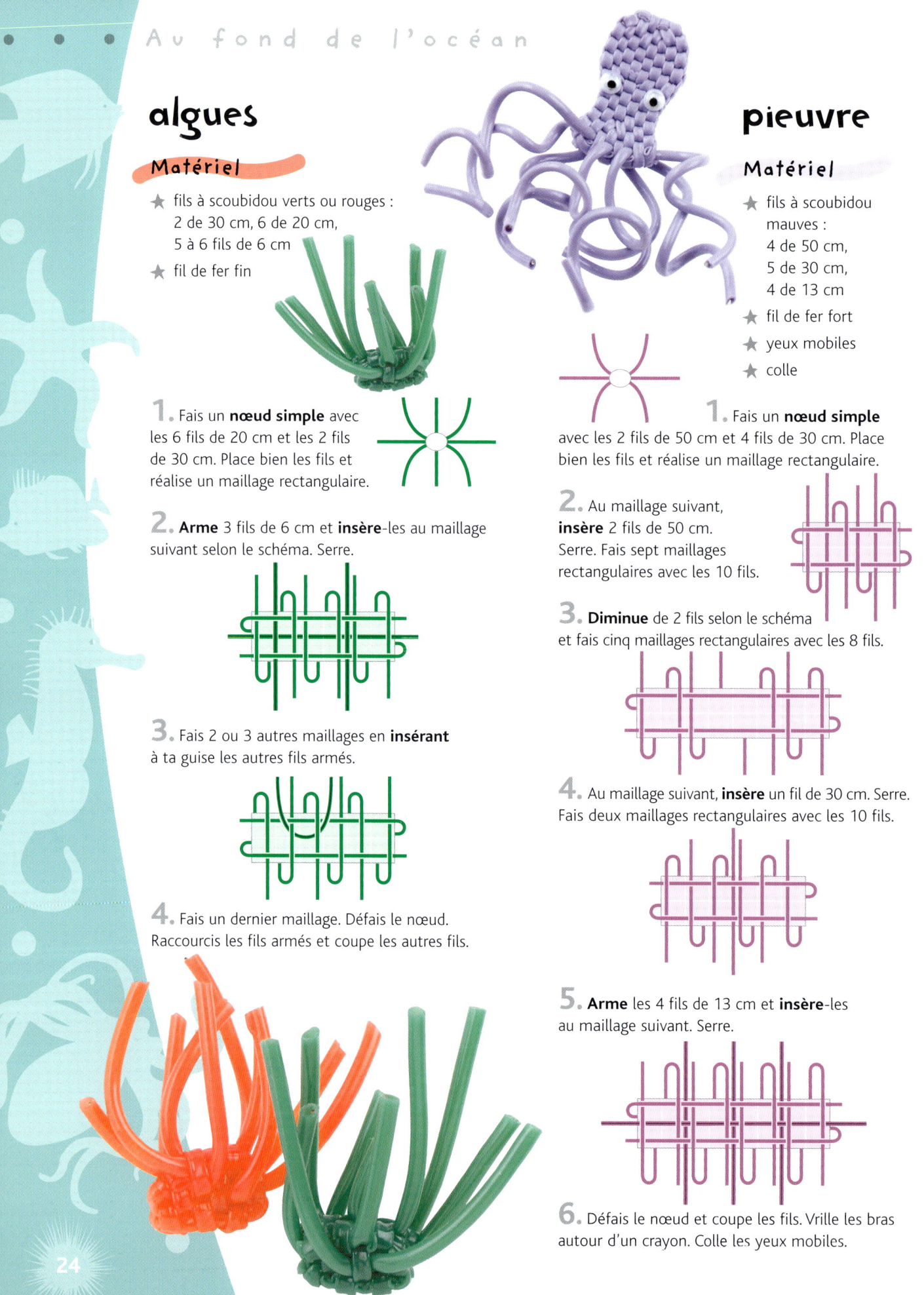

poisson-papillon

Matériel

★ fils à scoubidou jaune fluo : 2 de 90 cm, 10 de 40 cm, 1 de 15 cm, 1 de 2 cm
★ 1 fil à scoubidou noir de 6 cm
★ fil de fer fin
★ 1 perle noire
★ colle

On réalise d'abord le corps et la tête, puis la queue.

1. Fais un **nœud simple** avec les 2 fils de 90 cm et les 10 fils de 40 cm, en laissant 10 cm au-dessus du nœud. Place bien les fils et réalise neuf maillages rectangulaires.

2. Pour la nageoire, **arme** le fil jaune de 2 cm et **insère**-le au maillage suivant. Serre.

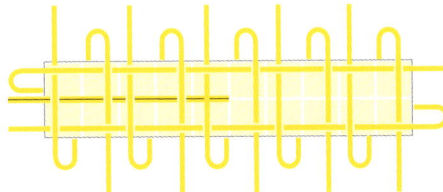

3. Diminue de 2 fils et réalise deux maillages avec les 10 fils.

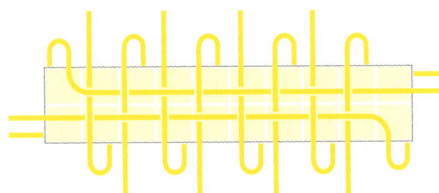

4. Au maillage suivant, fais le tour du poisson avec le fil noir de 6 cm et **insère** les deux extrémités. Serre.

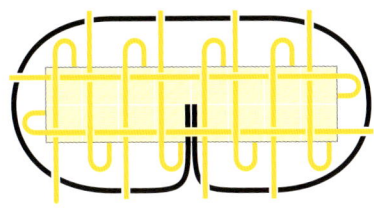

5. **Diminue** de 2 fils. Fais deux maillages avec les 8 fils.

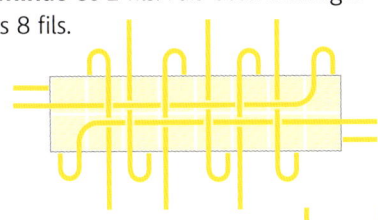

6. **Diminue** de 2 fils. Fais un maillage avec les 6 fils.

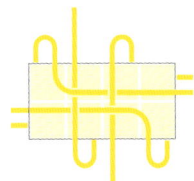

7. **Diminue** de 2 fils. Fais trois maillages avec les 4 fils.

8. Pour la queue, défais le nœud du début et réalise deux maillages carrés avec les 4 fils du milieu.

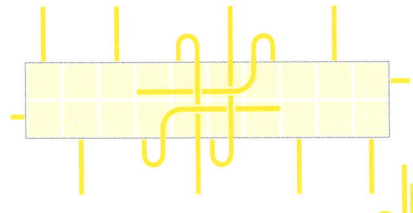

9. Au maillage suivant, **insère** le fil de 15 cm. Serre. Fais trois maillages avec les 6 fils.

10. Coupe les fils et colle la perle noire pour faire l'œil.

Au fond de l'océan

poisson rayé

Matériel

- ★ fils à scoubidou bleus : 2 de 90 cm, 1 de 80 cm, 4 de 45 cm, 1 de 15 cm, 1 de 5 cm
- ★ 4 fils à scoubidou jaunes de 45 cm
- ★ fil de fer fin
- ★ 1 perle noire
- ★ colle

On réalise d'abord le corps et la tête, puis la queue.

1. Fais un **nœud simple** avec les 4 fils jaunes, les 2 fils bleus de 90 cm et 4 fils bleus de 45 cm en laissant 10 cm de fil au-dessus du nœud. Place bien les fils et réalise trois maillages rectangulaires.

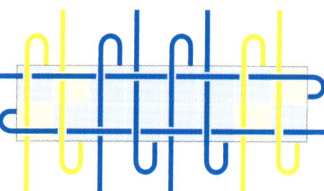

2. Au maillage suivant, **insère** le fil bleu de 80 cm. Serre. Fais trois maillages rectangulaires avec les 12 fils.

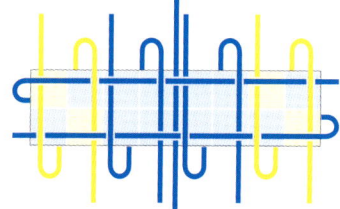

3. Pour les nageoires, **arme** le fil bleu de 5 cm et **insère**-le au maillage suivant. Serre. Fais un maillage.

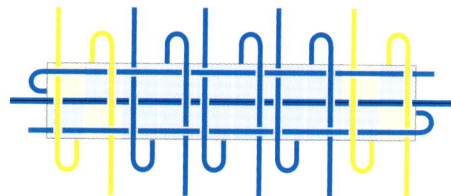

4. Diminue de 2 fils jaunes selon le schéma. Fais deux maillages avec les 10 fils restants.

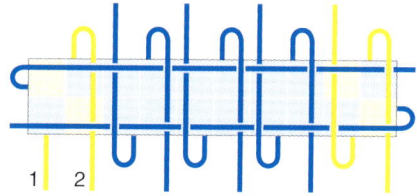

5. Diminue de 2 fils jaunes selon le schéma. Fais un maillage avec les 8 fils bleus.

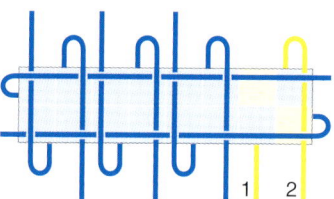

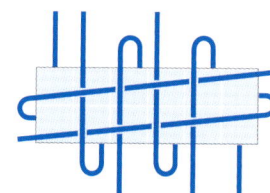

6. Diminue de 2 fils. Fais un maillage comme sur le schéma, puis deux maillages rectangulaires avec les 6 fils.

7. Pour la queue, défais le nœud du début et réalise trois maillages rectangulaires avec les 6 fils bleus.

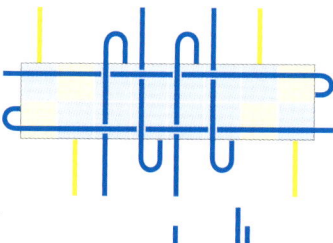

8. Au maillage suivant, **insère** le fil bleu de 15 cm. Serre. Fais trois maillages avec les 8 fils.

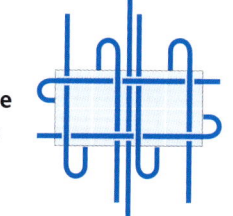

9. Coupe tous les fils et colle la perle noire pour faire un œil. Mets en forme les nageoires.

Variante tricolore !

Utilise une troisième couleur pour les fils de 90 cm.

poisson-chromis

Matériel

★ fils à scoubidou bleus : 2 de 90 cm, 1 de 80 cm, 1 de 70 cm, 4 de 40 cm, 9 de 2 cm
★ fils à scoubidou jaune fluo : 3 de 30 cm, 1 de 15 cm
★ fil de fer fin
★ 1 perle noire
★ colle

1. Fais un **nœud simple** avec les 2 fils bleus de 90 cm et les 4 fils bleus de 40 cm. Place bien les fils et réalise un maillage rectangulaire.

2. Au maillage suivant, **insère** le fil bleu de 80 cm. Serre. Fais trois maillages avec les 8 fils.

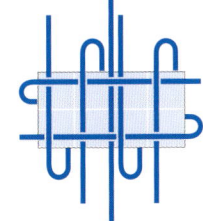

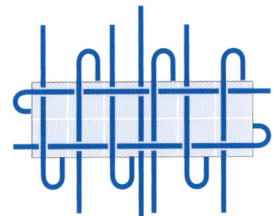

3. Au maillage suivant, **insère** le fil bleu de 70 cm. Serre. Fais un maillage avec les 10 fils.

4. Aux deux maillages suivants, **insère** un fil armé de 2 cm pour commencer la nageoire dorsale. Serre bien à chaque fois.

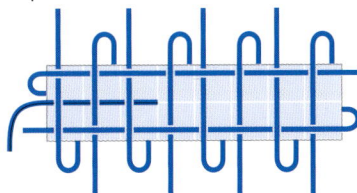

5. Au maillage suivant, **insère** un 3ᵉ fil pour la nageoire dorsale et un nouveau pour la nageoire ventrale. Termine la nageoire dorsale sur les 5 maillages suivants, puis fais un maillage normal.

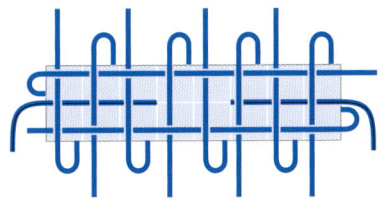

6. Change de couleur au maillage suivant : **insère** les 3 fils jaunes de 30 cm. Serre. Fais deux maillages avec les 6 fils jaunes.

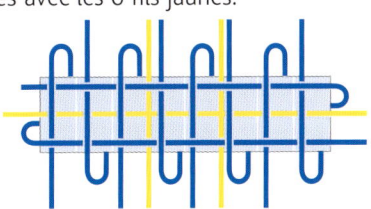

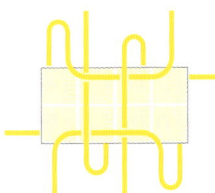

7. Diminue de 2 fils et réalise un maillage carré avec les 4 fils.

8. Au maillage suivant, **insère** le dernier fil jaune. Serre. Fais deux maillages avec les 6 fils.

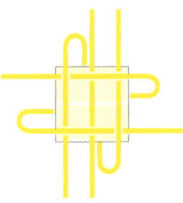

9. Défais le nœud. Coupe les fils. Raccourcis les nageoires. Colle la perle pour faire un œil. Mets en forme les nageoires.

Au fond de l'océan

poisson clown

Matériel

- ★ fils à scoubidou rouges : 8 de 40 cm, 6 de 25 cm, 2 de 3 cm
- ★ 7 fils à scoubidou blancs de 40 cm
- ★ fil de fer fin
- ★ 1 œil mobile
- ★ colle

1. Fais un **nœud simple** avec les 6 fils rouges de 25 cm. Fais deux maillages rectangulaires.

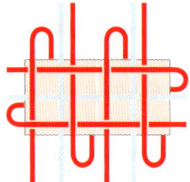

2. Change de couleur au maillage suivant : **insère** 3 fils blancs. Serre. Fais deux maillages avec les 6 fils blancs.

3. Change de couleur au maillage suivant : **insère** 4 fils rouges de 40 cm. Serre. Fais quatre maillages avec les 8 fils rouges.

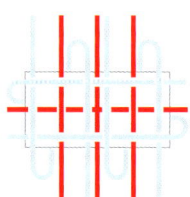

4. Change de couleur au maillage suivant : **insère** 4 fils blancs. Serre. Fais quatre maillages avec les 8 fils blancs.

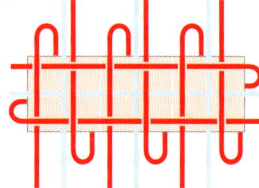

5. Change de couleur au maillage suivant : **insère** 4 fils rouges de 40 cm. Serre.

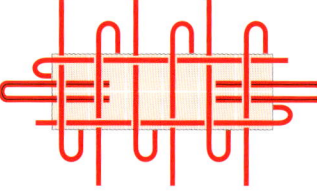

6. Pour les nageoires, **arme** les 2 fils rouges de 3 cm et plie-les. **Insère**-les au maillage suivant, puis refais trois maillages avec les 8 fils rouges.

7. Diminue de 2 fils et fais trois maillages avec les 6 fils.

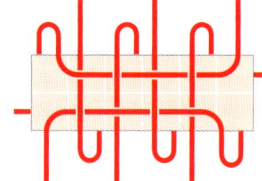

8. Défais le nœud. Coupe les fils. Colle l'œil. Mets en forme les nageoires.

hippocampe

Matériel

- ★ fils à scoubidou bleus : 2 de 70 cm, 2 de 50 cm, 1 de 30 cm, 5 de 20 cm, 4 de 15 cm, 1 de 4 cm
- ★ 4 fils à scoubidou violets de 30 cm
- ★ fil de fer fort
- ★ 1 perle noire
- ★ colle

Conseil

Pour éviter que la tête et la nageoire se défassent, attends quelques maillages après leur insertion pour couper les fils.

1. Pour la tête, fais un **nœud simple** avec 4 fils bleus de 20 cm et réalise quatre maillages carrés. Au maillage suivant, **insère** un fil bleu de 20 cm. Serre. Fais cinq maillages rectangulaires avec les 6 fils. Repère les 2 fils à insérer dans le corps.

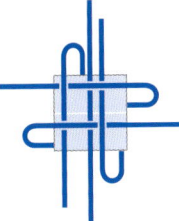 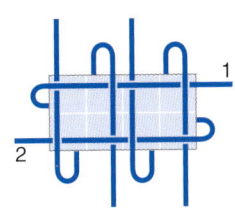

2. Pour le corps, fais un **nœud simple** avec les 2 fils bleus de 70 cm et les 2 fils bleus de 50 cm. Place bien les fils et réalise un maillage carré.

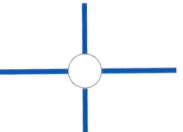

3. Au maillage suivant du corps, **insère** l'un des fils de la tête. Serre. Fais trois maillages, puis insère l'autre fil de la tête de la même manière. Serre. Fais quatre maillages carrés.

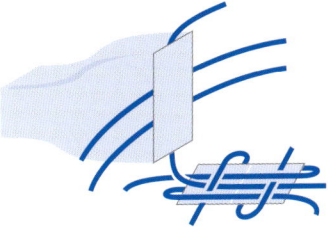

4. Pour la nageoire, fais un **nœud simple** avec les 4 fils bleus de 15 cm et 2 fils violets. Place bien les fils et fais trois maillages rectangulaires.

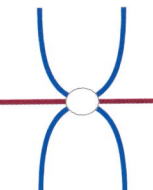

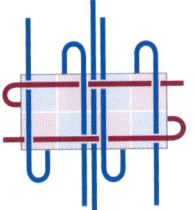

Au maillage suivant, **insère** le fil bleu de 30 cm. Serre. Réalise trois maillages avec les 8 fils.

Défais le nœud du début et repère les 2 fils à insérer dans le corps.

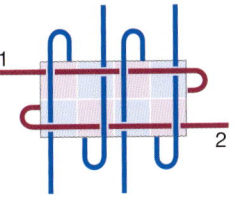

5. Au maillage suivant du corps, en procédant comme pour la tête, mais sur le côté opposé, **insère** l'un des fils de la nageoire. Serre. Fais deux maillages, puis **insère** l'autre fil. Serre. Fais deux maillages.

6. Au maillage suivant, du même côté que la tête, **insère** un fil violet selon le schéma. Serre. Fais cinq maillages rectangulaires avec les 6 fils.

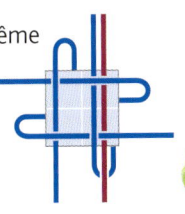

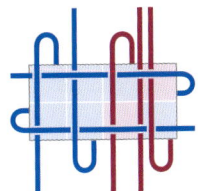

7. Au maillage suivant, **insère** un fil violet. Serre. Fais cinq maillages avec les 8 fils.

8. **Diminue** de 2 fils violets selon le schéma et fais quatre maillages avec les 6 fils.

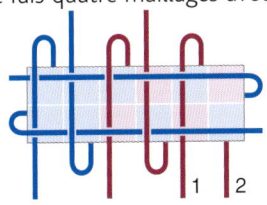

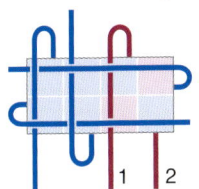

9. **Diminue** à nouveau de 2 fils violets et fais quatre maillages avec les 4 fils bleus.

10. Pour la queue, **arme** le fil bleu de 4 cm et **insère**-le au centre du maillage suivant. Serre. Fais trois maillages autour de la queue.

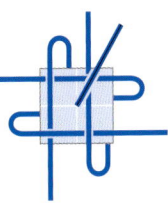

11. Défais les nœuds et coupe tous les fils. Mets en forme la queue. Colle la perle noire en guise d'œil.

Astuce

Pour bien fixer la tête ou la nageoire, ajoute un point de colle quand tu insères les fils.

dans mon jardin

As-tu la main verte ?
Au pays magique des scoubidous,
les fleurs restent belles
du printemps à l'hiver !

Dans mon jardin

lilas

Matériel

- ★ 2 fils à scoubidou mauves ou violets de 30 cm
- ★ 1 fil à scoubidou vert de 6 cm
- ★ fil de fer fin

1. Fais un **nœud caché** avec les 2 fils mauves et réalise douze maillages ronds.

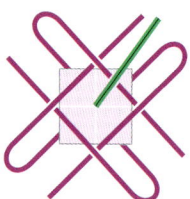

2. **Arme** le fil vert et **insère**-le au centre du maillage suivant. Serre. Fais trois maillages autour de la tige, puis coupe les fils mauves.

Astuce

Pour bien fixer les tiges des fleurs, ajoute un point de colle quand tu les insères.

tulipe

Matériel

- ★ fils à scoubidou rouges : 4 de 30 cm, 4 de 20 cm
- ★ 1 fil à scoubidou vert de 6 cm
- ★ fil de fer fin

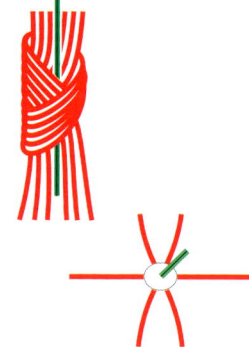

1. **Arme** le fil vert. Fais un **nœud simple** avec 2 fils de 30 cm et 4 fils de 20 cm en glissant le fil vert armé au centre. Place bien les fils et réalise un maillage rectangulaire autour de la tige.

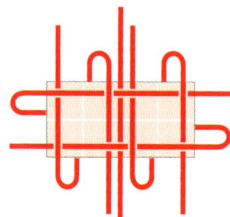

2. Au maillage suivant, **insère** un fil rouge de 30 cm. Serre. Fais trois maillages avec les 8 fils.

3. Au maillage suivant, **insère** un fil rouge de 30 cm. Serre. Fais un maillage avec les 10 fils.

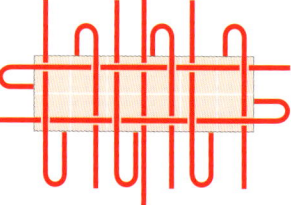

4. Avec les quatre fils situés sur les deux extrémités du scoubidou, fais trois maillages carrés.

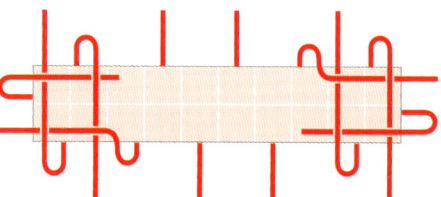

5. Défais le nœud et coupe les fils rouges.

arum

Matériel

★ 8 fils à scoubidou blancs de 20 cm
★ 4 fils à scoubidou jaunes de 10 cm
★ 1 fil à scoubidou vert de 6 cm
★ fil de fer fin
★ colle

1. **Arme** le fil vert. Fais un **nœud simple** avec 4 fils blancs en glissant le fil vert armé au centre. Fais deux maillages ronds autour de la tige.

2. Au maillage suivant, **insère** 2 fils blancs. Serre. Place les 8 fils pour faire un maillage rond creux et **insère** 2 autres fils blancs. Serre. Fais quatre maillages ronds creux avec les 12 fils.

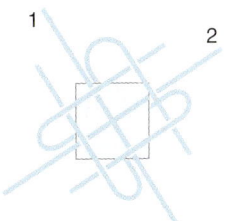 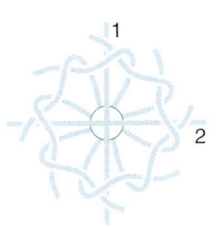

3. Fais un **nœud simple** avec les 4 fils jaunes et réalise six maillages ronds.

4. Défais les nœuds des 2 scoubidous et coupe les fils jaunes et blancs. Colle le scoubidou jaune à l'intérieur du scoubidou blanc.

Bouquet printanier

Assemble des arums, des tulipes et des branches de lilas à l'aide d'un fil vert noué autour des tiges.

marguerite

Matériel

★ 4 fils à scoubidou jaunes de 15 cm
★ 1 fil à scoubidou vert de 6 cm
★ 6 fils à scoubidou blancs de 4 cm
★ fil de fer fin

1. **Arme** le fil vert. Fais un **nœud simple** avec les 4 fils jaunes en glissant le fil vert armé au centre. Réalise deux maillages ronds autour de la tige.

2. Coupe le fil vert au cœur de la fleur. **Arme** les 6 fils blancs et **insère**-les au maillage suivant. Serre. Fais un maillage.

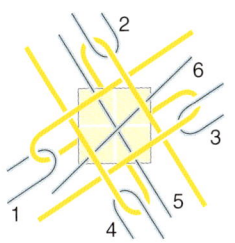

3. Défais le nœud et coupe les fils jaunes. Raccourcis les pétales si nécessaire.

Dans mon jardin

escargot

Matériel

★ fils à scoubidou marron :
  2 de 15 cm, 1 de 2 cm
★ 2 fils à scoubidou dorés de 15 cm
★ fil de fer fort

1. Fais un **nœud simple** avec les 2 fils marron et les 2 fils dorés de 15 cm en glissant un fil de fer fort de 8 cm au centre. Place bien les fils et réalise quarante-cinq maillages ronds autour du fil de fer.

2. Coupe le fil de fer. Pour les antennes, **arme** le fil marron de 2 cm et **insère**-le au maillage suivant. Serre. Fais un dernier maillage.

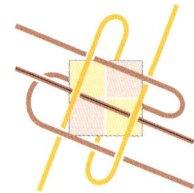

3. Défais le nœud. Coupe les fils. Mets en forme l'escargot.

brouette

Matériel

★ fils à scoubidou orange :
  2 de 50 cm, 30 de 25 cm, 8 de 10 cm
★ bouton orange
★ colle

La benne

1. Pour le fond, fais un **nœud simple** avec les 2 fils de 50 cm et 10 fils de 25 cm. Place bien les fils et réalise dix-sept maillages rectangulaires.

2. Pour la première paroi, fais un **nœud simple** avec 4 fils de 25 cm et réalise quinze maillages carrés. Fais deux autres scoubidous identiques.

3. Défais le nœud des quatre scoubidous et coupe les fils. Colle les parois sur le fond.

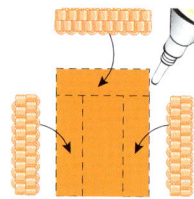

Le châssis

4. Fais un **nœud simple** avec 4 fils de 25 cm et réalise quarante maillages carrés. Fais un autre scoubidou identique.

5. Pour les pieds, fais un **nœud simple** avec 4 fils de 10 cm et réalise sept maillages carrés. Fais un autre scoubidou identique.

6. Défais les nœuds des quatre scoubidous et coupe les fils. Colle les scoubidous et le bouton en guise de roue en suivant le schéma.

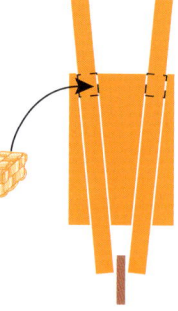

chaise de jardin

Matériel

★ fils à scoubidou orange :
6 de 30 cm,
16 de 20 cm
★ fil de fer fort
★ colle

1. Pour le premier pied, fais un **nœud simple** avec 4 fils de 20 cm en glissant un fil de fer fort de 6 cm au centre. Fais seize maillages carrés autour du fil de fer.

2. Pour l'assise, fais un **nœud simple** avec 2 fils de 30 cm et 8 fils de 20 cm. Place bien les fils et réalise onze maillages rectangulaires sans serrer le dernier. **Insère** le pied selon le schéma. Serre. Refais un maillage rectangulaire.

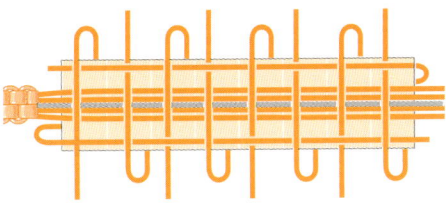

3. Pour le deuxième pied, fais seize maillages carrés avec les fils qui dépassent sur le côté de l'assise.

4. Réalise le troisième pied comme le premier. Défais le nœud de l'assise et fais un maillage rectangulaire en **insérant** le troisième pied comme le premier. Refais un maillage rectangulaire.

5. Tresse le quatrième pied comme le deuxième.

6. Pour le dossier, fais un **nœud simple** avec 4 fils de 30 cm en glissant un fil de fer fort de 6 cm au centre. Réalise quarante-huit maillages ronds autour du fil de fer.

7. Défais les nœuds du dossier et des pieds. Coupe les fils orange et les fils de fer. Courbe le dossier et colle-le sur la chaise.

sapin

Matériel

★ fils à scoubidou verts : 1 de 90 cm, 1 de 50 cm, 2 de 40 cm, 1 de 30 cm, 1 de 20 cm
★ 2 fils à scoubidou noirs de 20 cm

1. Fais un **nœud caché** avec le fil vert de 90 cm et le fil vert de 50 cm. Place bien les fils et fais cinq maillages carrés.

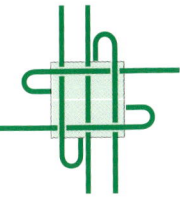

2. Au maillage suivant, **insère** un fil vert de 40 cm. Serre. Fais cinq maillages rectangulaires avec les 6 fils.

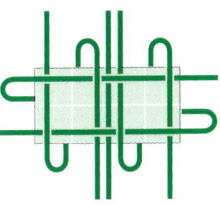

3. Au maillage suivant, **insère** un fil vert de 40 cm. Serre. Fais cinq maillages rectangulaires avec les 8 fils.

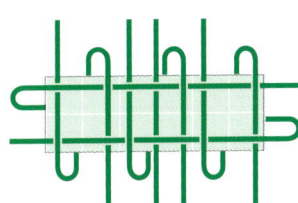

4. Au maillage suivant, **insère** le fil vert de 30 cm. Serre. Fais cinq maillages rectangulaires avec les 10 fils.

5. Au maillage suivant, **insère** le fil vert de 20 cm. Serre. Fais six maillages rectangulaires avec les 12 fils.

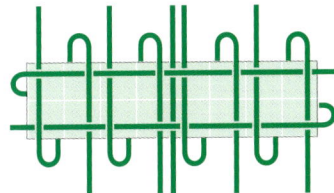

6. Au maillage suivant, **diminue** de 8 fils selon le schéma et **insère** les 2 fils noirs. Serre. Fais sept maillages carrés avec les 4 fils noirs. Coupe tous les fils.

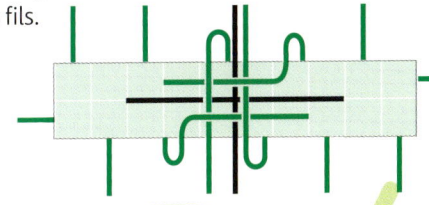

Dans mon jardin

panier

Matériel

★ fils à scoubidou orange :
4 de 50 cm, 8 de 40 cm,
1 de 5 cm
★ fil de fer fort

1. Fais un **nœud simple** avec les 8 fils de 40 cm et réalise un maillage carré.

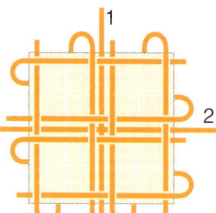

2. Au maillage suivant, **insère** 2 fils de 50 cm. Serre.

3. Au maillage suivant, place les 12 fils pour faire un maillage rond creux et **insère** 2 fils de 50 cm. Serre. Fais cinq maillages ronds creux avec les 16 fils.

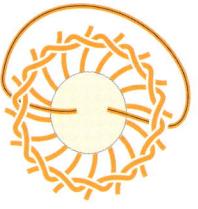

4. Pour l'anse, **arme** le fil de 5 cm et **insère**-le au maillage suivant. Serre. Fais un maillage.

5. Défais le nœud et coupe les fils.

Astuce

Réalise des paniers de différentes tailles en augmentant le nombre de maillages.

jardinière

Matériel

★ fils à scoubidou blancs :
4 de 35 cm, 16 de 20 cm, 2 de 10 cm
★ 6 fils à scoubidou vert clair de 5 cm
★ 6 fils à scoubidou vert foncé de 5 cm
★ perles allongées
★ 1 disque de papier vert de 3,2 cm de diamètre
★ fil de fer fin
★ colle

1. Fais un **nœud simple** avec 4 fils blancs de 20 cm et réalise trois maillages carrés. Au maillage suivant, **insère** un fil blanc de 35 cm. Serre. Fais quinze maillages rectangulaires avec les 6 fils. Défais le nœud. Coupe les fils. Réalise trois autres scoubidous identiques.

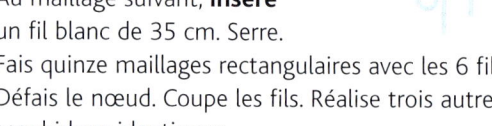

2. **Arme** les fils restants. Colle-les sur les scoubidous régulièrement espacés. Colle les extrémités des fils pour fermer la barrière.

3. Colle les fils vert foncé et vert clair sur le disque de papier. Raccourcis-les à différentes hauteurs. Colle des perles allongées sur quelques tiges. Colle le bord de la pelouse au bas de la barrière.

Astuce

Tu peux remplacer le disque de papier par un disque de mousse verte.

épouvantail

Matériel

- ★ fils à scoubidou verts : 9 de 40 cm, 3 de 30 cm
- ★ fils à scoubidou jaunes : 1 de 30 cm, 4 de 12 cm, 2 de 8 cm, 6 de 6 cm, 2 de 5 cm, 4 de 2 cm
- ★ 4 fils à scoubidou orange de 20 cm
- ★ fil de fer fort
- ★ fil de fer fin

Le corps

1. Pour chaque jambe, fais un **nœud simple** avec 4 fils verts de 40 cm et réalise vingt et un maillages ronds, sans serrer le dernier.

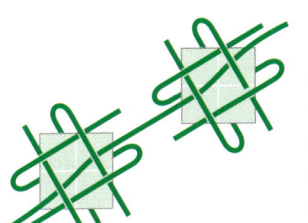

2. Relie les jambes en **insérant** un fil vert de 40 cm. Serre. Place bien les fils. **Diminue** de 2 fils. Fais onze maillages rectangulaires avec 8 fils.

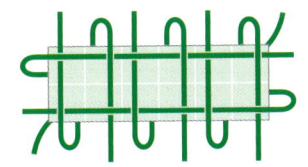

3. Pour le premier bras, fais un **nœud simple** avec les 3 fils verts de 30 cm en glissant un fil de fer fort de 6 cm au centre. Réalise seize maillages autour du fil de fer.

4. Refais un maillage sans le serrer pour le corps et **insère** le bras. Serre. Pour le deuxième bras, fais seize maillages avec les fils qui dépassent de l'autre côté du corps.

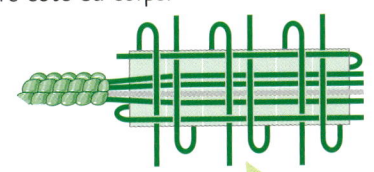

La tête

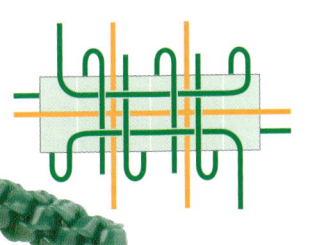

5. Au maillage suivant, **diminue** de 2 fils et change de couleur : **insère** 3 fils orange. Serre. Fais deux maillages rectangulaires avec les 6 fils orange.

6. Au maillage suivant, **insère** un fil orange. Serre. Fais deux maillages rectangulaires avec les 8 fils.

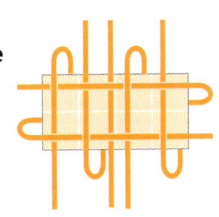

Le chapeau

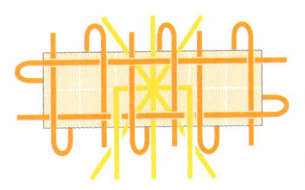

7. Change de couleur au maillage suivant : **insère** les 4 fils jaunes de 12 cm selon le schéma. Serre.

8. **Arme** les 4 fils jaunes de 2 cm avec un fil de fer fin. Place les 8 fils pour faire un maillage rond creux et **insère** les fils jaunes armés en les repliant au centre. Serre. Fais un maillage rond creux.

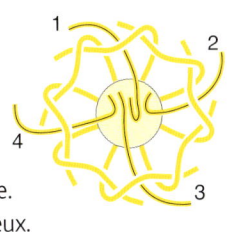

9. **Diminue** de 4 fils et fais deux maillages ronds avec les 4 fils.

10. Défais les nœuds du début (bras, jambes) et coupe tous les fils.

Le tablier

11. **Arme** les 2 fils jaunes de 5 cm avec un fil de fer fort. Aligne 8 fils jaunes : les 6 de 6 cm au centre et les 2 de 8 cm de chaque côté. Relie-les à l'aide des 2 fils jaunes armés. Attache le tablier sur l'épouvantail en faisant un nœud derrière le cou. Enroule le fil jaune de 30 cm autour du ventre de l'épouvantail et fais deux nœuds derrière.

vacances à la plage

Une chaise longue, une serviette, des tongs,
les palmiers, le bruit des vagues…
il ne faut rien de plus pour passer
de bons moments à rêver au soleil.

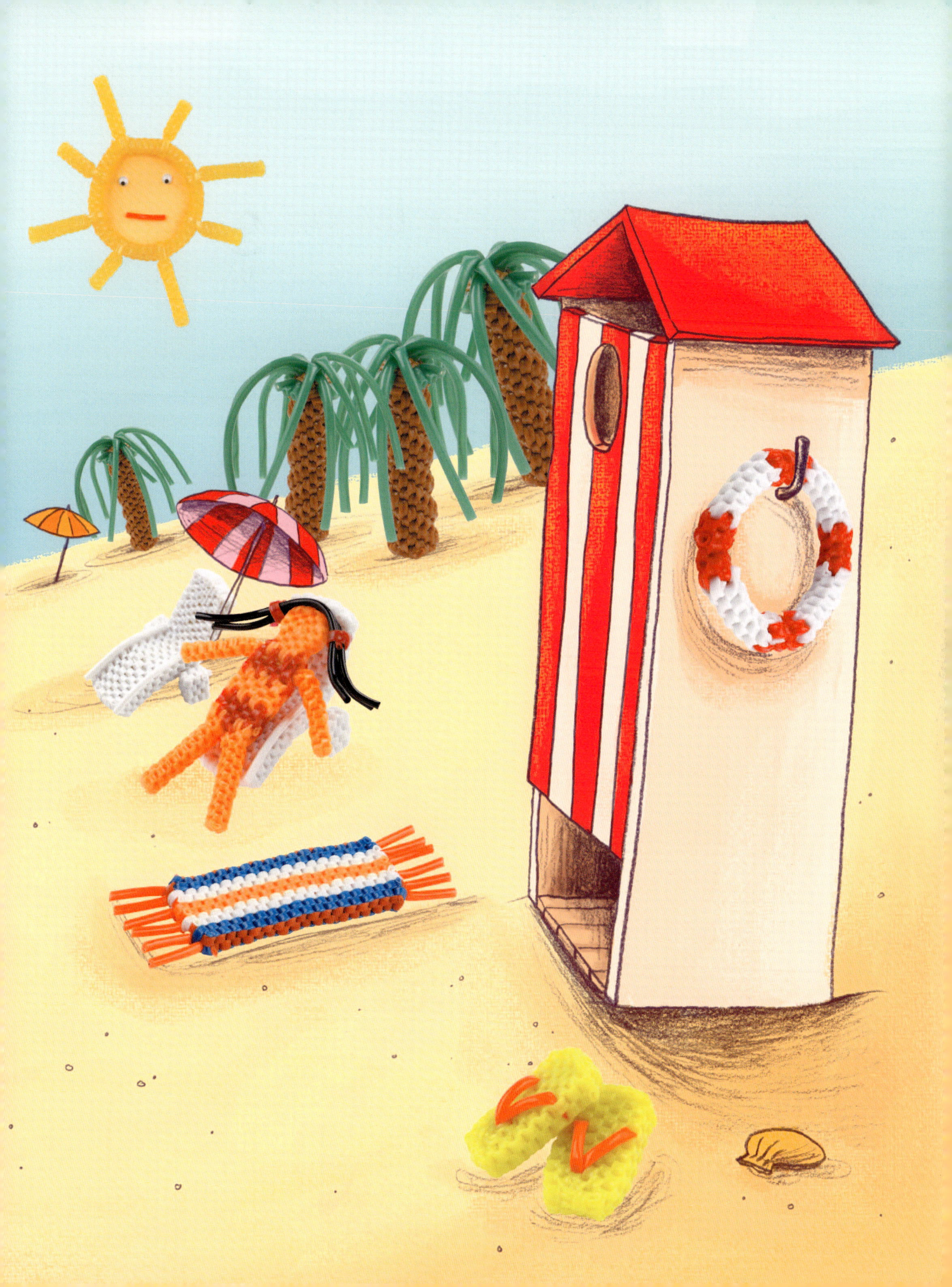

Vacances à la plage

palmier

Matériel

★ 8 fils à scoubidou marron de 35 cm
★ 10 fils à scoubidou verts de 7 cm
★ fil de fer fin

1. Fais un **nœud simple** avec les 8 fils marron et réalise environ vingt-cinq maillages ronds.

2. **Arme** les 10 fils verts. Replie-les à environ 1 cm de leur extrémité, puis **insère**-les au centre du maillage suivant. Les extrémités repliées passent sur les fils extérieurs du maillage pour former les petites feuilles à la base des grandes. Serre.

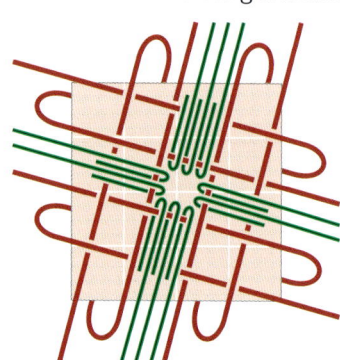

3. Défais le nœud et coupe les fils marron. Mets en forme le palmier. Égalise les feuilles si nécessaire.

Astuce

Pour consolider le montage, ajoute un point de colle quand tu insères les fils verts.

serviette de plage

Matériel

★ fils à scoubidou orange :
2 de 90 cm, 2 de 40 cm, 6 de 5 cm
★ 4 fils à scoubidou bleus de 40 cm
★ 4 fils à scoubidou blancs de 40 cm
★ fil de fer fin

1. Fais un **nœud simple** avec les 12 grands fils en laissant 10 cm de fil au-dessus du nœud. Place bien les fils et réalise environ trente maillages rectangulaires.

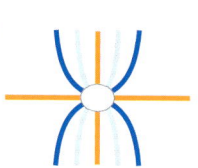

2. **Arme** 3 fils orange de 5 cm et **insère**-les au maillage suivant. Serre. Fais un autre maillage autour des fils orange.

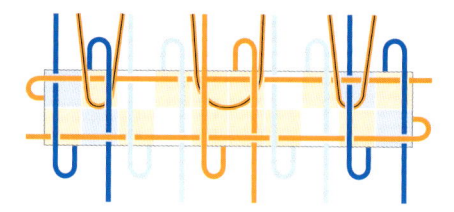

3. Défais le nœud du début et répète l'étape 2 de l'autre côté.

4. Raccourcis les franges de la serviette si nécessaire.

Variantes

Pour créer une saynète amusante, réalise des serviettes de toutes les couleurs, puis reporte-toi à la page 44 pour créer des baigneuses au maillot de bain assorti !

soleil

Matériel

★ fils à scoubidou jaunes :
 4 de 45 cm, 32 de 15 cm
★ 1 fil à scoubidou rouge de 1 cm
★ fil de fer fort
★ colle
★ une chute de papier fort jaune
★ yeux mobiles

1. Fais un **nœud simple** avec les 4 fils de 45 cm en glissant un fil de fer fort de 14 cm au centre. Réalise environ quatre-vingt maillages ronds autour du fil de fer.

2. Défais le nœud du début. Coupe le fil de fer à ras à chaque extrémité. Forme un anneau, puis relie les extrémités du scoubidou selon le schéma. Ajoute un point de colle. Serre. Coupe les fils.

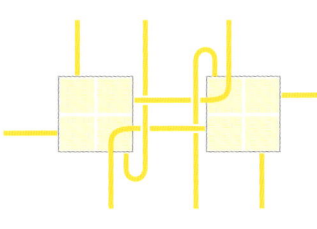

3. Pour les quatre grands rayons, fais un **nœud caché** autour de l'anneau avec 4 fils de 15 cm et réalise vingt maillages ronds. Coupe les fils. Réalise les quatre petits rayons de la même manière en supprimant quelques maillages et en les alternant avec les grands.

4. Colle au dos du soleil un disque de papier jaune du diamètre correspondant. Colle les yeux et le fil rouge pour faire la bouche.

Vacances à la plage

tongs

Matériel

Pour chaque tong :

★ fils à scoubidou jaunes :
2 de 45 cm, 4 de 35 cm, 1 de 70 cm
★ 1 fil à scoubidou orange de 8 cm
★ fil de fer fin

1. Fais un **nœud simple** avec les 2 fils jaunes de 45 cm et les 4 fils jaunes de 35 cm. Place bien les fils et réalise un maillage rectangulaire.

2. Au maillage suivant, **insère** le fil jaune de 70 cm. Serre. Fais deux maillages rectangulaires avec les 8 fils.

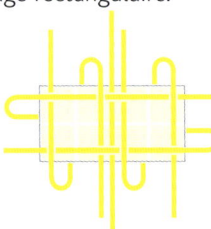

3. Arme le fil orange et **insère**-le au maillage suivant. Serre. Fais six maillages en laissant les fils orange en attente.

4. Au maillage suivant, **insère** les extrémités des fils orange. Serre. Fais quatre maillages.

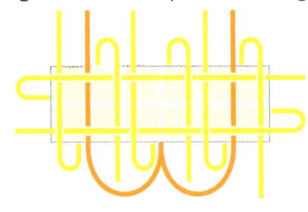

5. Diminue de 2 fils et fais un maillage.

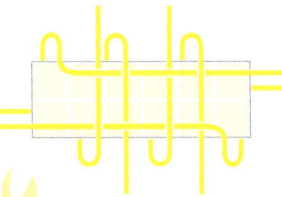

6. Défais le nœud. Coupe les fils. Réalise une deuxième tong de la même manière si tu le souhaites.

crabe

Matériel

★ fils à scoubidou rouges :
2 de 20 cm, 6 de 15 cm
★ 10 fils à scoubidou orange de 6 cm
★ 2 perles noires
★ fil de fer fin
★ colle

1. Fais un **nœud simple** avec les fils rouges en laissant 10 cm de fil au-dessus du nœud. Place bien les fils et réalise six maillages rectangulaires.

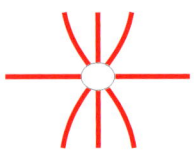

2. Pour les pattes et les pinces, **arme** 5 fils orange et **insère**-les au maillage suivant en les laissant dépasser sur le côté du scoubidou. Serre. Fais deux maillages autour des fils orange.

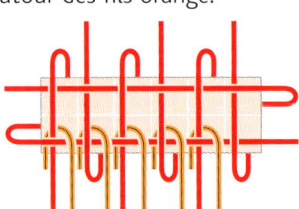

3. Défais le nœud du début. Refais un maillage sans le serrer et **insère** les pattes et les pinces comme précédemment. Serre. Fais deux maillages rectangulaires autour des fils orange.

4. Pour les yeux, colle les 2 perles noires. Coupe les fils rouges. Raccourcis les pinces et les pattes si nécessaire, puis mets-les en forme.

bouée

Matériel

★ 10 fils à scoubidou blancs de 15 cm
★ fils à scoubidou rouges : 8 de 15 cm, 2 de 20 cm
★ fil de fer fort

1. Fais un **nœud simple** avec 4 fils blancs en glissant un fil de fer fort au centre.

2. Réalise neuf maillages ronds autour du fil de fer. Change de couleur au maillage suivant : **insère** 2 fils rouges de 15 cm. Serre. Fais quatre maillages.

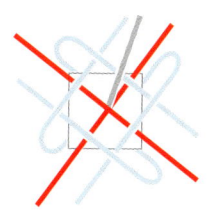

3. **Insère** 2 fils blancs au maillage suivant comme précédemment. Répète trois fois l'étape 2 en faisant seulement trois maillages après la dernière insertion de fils rouges.

4. Défais le nœud. Coupe le fil de fer à ras aux extrémités du scoubidou. Desserre le premier maillage blanc et **insère** les 2 fils rouges de 20 cm. Serre. Fais un maillage. Courbe le scoubidou.

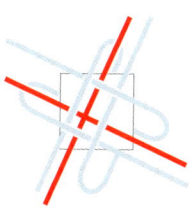

5. Au maillage suivant, **insère** 2 fils rouges de l'extrémité opposée du scoubidou. Serre bien. Coupe tous les fils.

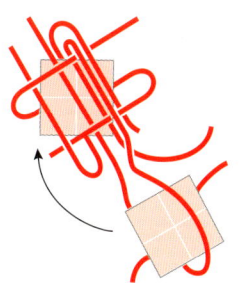

Astuce

Pour bien relier les deux extrémités du scoubidou, ajoute un point de colle quand tu insères les fils.

Vacances à la plage

chaise longue

Matériel

- ★ fils à scoubidou blancs : 2 de 50 cm, 8 de 35 cm, 4 de 20 cm, 12 de 10 cm
- ★ fil de fer fort
- ★ colle

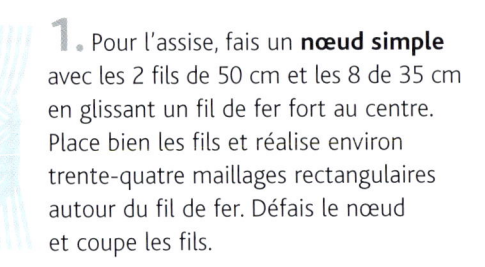

1. Pour l'assise, fais un **nœud simple** avec les 2 fils de 50 cm et les 8 de 35 cm en glissant un fil de fer fort au centre. Place bien les fils et réalise environ trente-quatre maillages rectangulaires autour du fil de fer. Défais le nœud et coupe les fils.

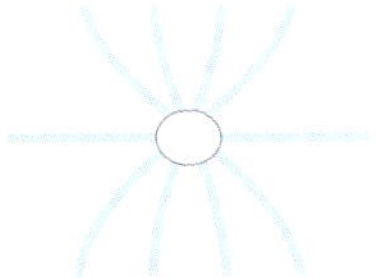

2. Fais un **nœud simple** avec les 4 fils de 20 cm et réalise un scoubidou rond de quinze maillages. Défais le nœud et coupe les fils.

3. Fais un **nœud simple** avec 6 fils de 10 cm et réalise cinq maillages rectangulaires. Défais le nœud et coupe les fils. Fais un deuxième scoubidou identique.

4. Colle chaque petit scoubidou rectangulaire aux extrémités du scoubidou rond. Courbe l'assise. Colle le scoubidou rond au dos de la chaise. Borde l'assise avec 2 chutes de fil.

baigneuse

Matériel

- ★ fils à scoubidou orange : 11 de 30 cm, 4 de 25 cm, 4 de 20 cm
- ★ fils à scoubidou rouges : 4 de 20 cm, 4 de 25 cm, 2 de 5 cm
- ★ 3 fils à scoubidou noirs de 6 cm
- ★ fil de fer fin
- ★ colle

1. Pour les jambes, fais un **nœud simple** avec 4 fils orange de 30 cm et réalise quatorze maillages ronds. Fais la 2e jambe de la même manière.

2. **Insère** 1 fil rouge de 20 cm au maillage suivant de chaque jambe. Serre. Place les fils pour faire un maillage rectangulaire avec les 2 fils rouges au centre et diminue de 2 fils orange. Fais un maillage.

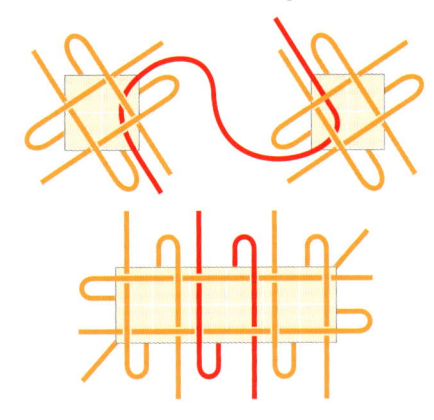

3. Au maillage suivant, **insère** 3 fils rouges de 20 cm. Serre. Fais deux maillages rectangulaires avec les 8 fils rouges.

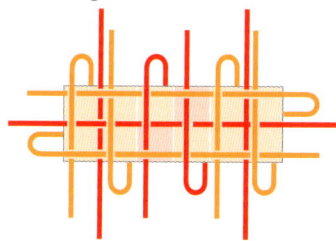

4. Change de couleur au maillage suivant : **insère** les 4 fils orange de 25 cm. Serre. Fais trois maillages.

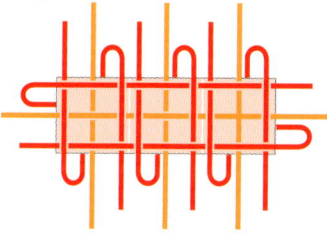

5. Change de couleur au maillage suivant : **insère** les 4 fils rouges de 25 cm. Serre. Fais deux maillages.

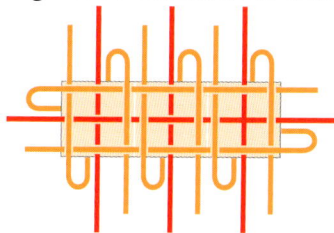

6. Pour le 1er bras, fais un **nœud simple** avec les 3 derniers fils orange de 30 cm et réalise quatorze maillages ronds.

7. Au maillage suivant du corps, **insère** les fils du bras en les laissant dépasser de l'autre côté. **En même temps, insère** aussi 3 fils orange de 20 cm. Serre. Place bien les fils et fais un maillage avec les 2 fils rouges extérieurs et les 6 orange.

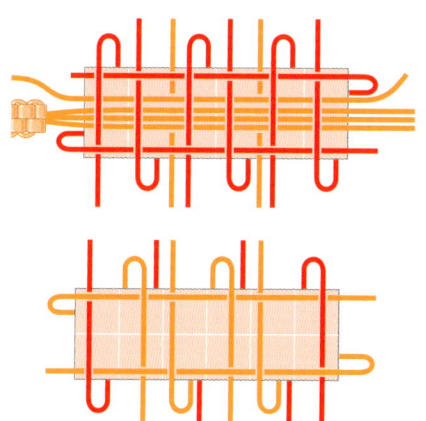

8. Tresse le 2e bras comme le 1er avec les fils qui dépassent.

9. Diminue de 2 fils rouges et fais un maillage avec les 6 fils orange comme sur le schéma.

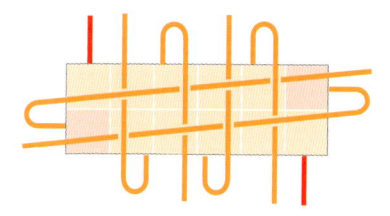

10. Au maillage suivant, **insère** le dernier fil orange de 20 cm. Serre. Fais quatre maillages rectangulaires avec les 8 fils.

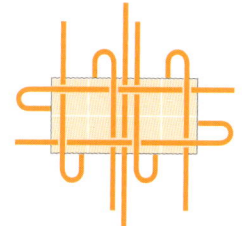

11. Diminue de 2 fils et fais un dernier maillage.

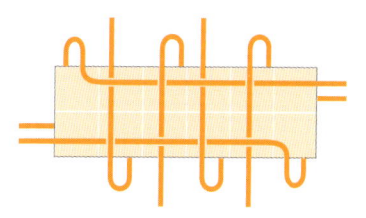

12. Défais les nœuds des jambes et des bras. Coupe les fils.

13. Pour les cheveux, **arme** les 3 fils noirs et colle-les sur la tête. Noue-les de chaque côté à l'aide d'un fil rouge et mets-les en forme.

45

petites bêtes pas bêtes

Coccinelles, scarabées, abeilles, libellules, papillons et autres araignées te donnent rendez-vous au pays fou des scoubidous !

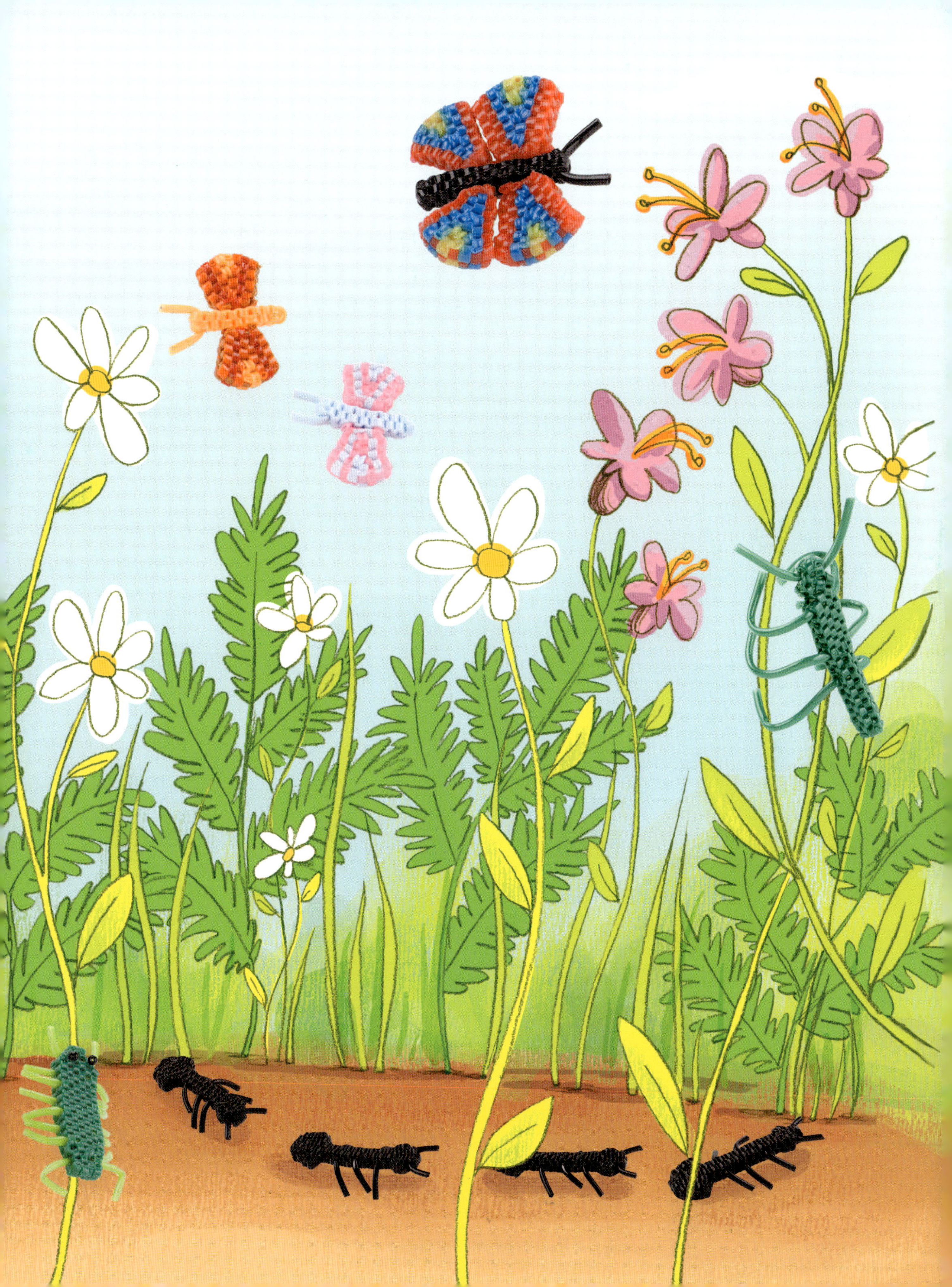

Petites bêtes pas bêtes

fourmi

Matériel

★ fils à scoubidou marron : 1 de 50 cm, 2 de 40 cm, 4 de 30 cm, 1 de 15 cm, 4 de 3 cm

★ fil de fer fin

1. Fais un **nœud simple** avec les 4 fils de 30 cm et les 2 fils de 40 cm. Place bien les fils et réalise trois maillages rectangulaires.

2. Au maillage suivant, **insère** le fil de 50 cm. Serre. Fais quatre maillages rectangulaires à 8 fils.

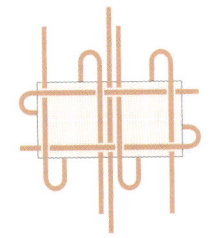

3. Diminue de 4 fils selon le schéma et fais quatre maillages carrés.

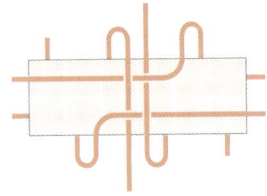

4. Pour la 1re paire de pattes, **arme** un fil de 3 cm. **Insère**-le au maillage suivant. Serre. Fais quatre maillages carrés.

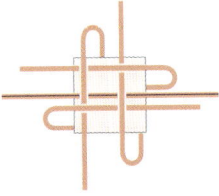

5. Au maillage suivant, réalise la 2e paire de pattes comme la 1re, puis fais quatre maillages carrés.

6. Au maillage suivant, réalise la 3e paire de pattes, puis fais trois maillages carrés.

7. Au maillage suivant, **insère** le fil de 15 cm. Serre. Fais trois maillages rectangulaires.

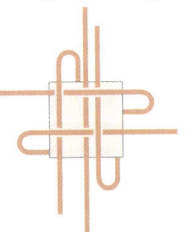

8. Au maillage suivant, **diminue** de 2 fils et réalise les antennes comme les pattes, puis fais un dernier maillage carré.

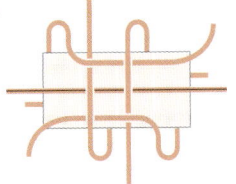

9. Défais le nœud et le premier maillage rectangulaire. **Diminue** de 2 fils et réalise un maillage carré comme à l'extrémité de la tête.

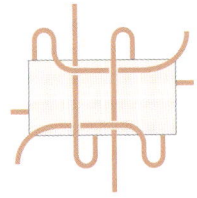

10. Coupe tous les fils et raccourcis les pattes.

Fourmis en colonie !

Réalise plein de fourmis rouges, noires ou dorées en changeant la couleur des fils à scoubidou.

mille-pattes

Matériel

- ★ fils à scoubidou vert foncé : 6 de 40 cm, 1 de 80 cm
- ★ 8 fils à scoubidou vert clair de 5 cm
- ★ fil de fer fin
- ★ 2 perles noires
- ★ colle

1. Fais un **nœud simple** avec les 6 fils vert foncé de 40 cm et réalise deux maillages rectangulaires.

2. Pour les pinces arrière, **arme** un fil vert clair de 5 cm. **Insère**-le au maillage suivant ainsi que le fil vert foncé de 80 cm. Serre. Fais deux maillages rectangulaires à 8 fils.

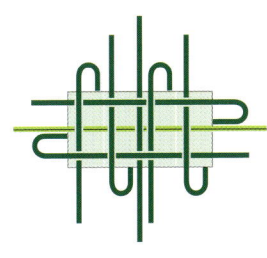

3. Réalise les 6 paires de pattes comme les pinces en faisant deux maillages après chaque paire.

4. Au maillage suivant, **diminue** de 2 fils et **insère** les antennes armées comme les pattes.

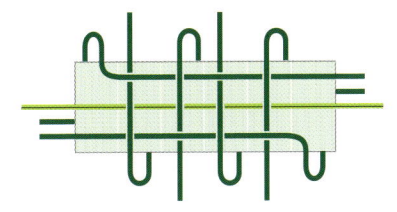

5. Diminue de 2 fils et fais deux maillages carrés.

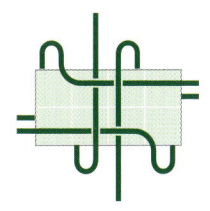

6. Défais le nœud. Coupe tous les fils. Raccourcis les pattes et les antennes. Pour les yeux, colle les 2 perles noires.

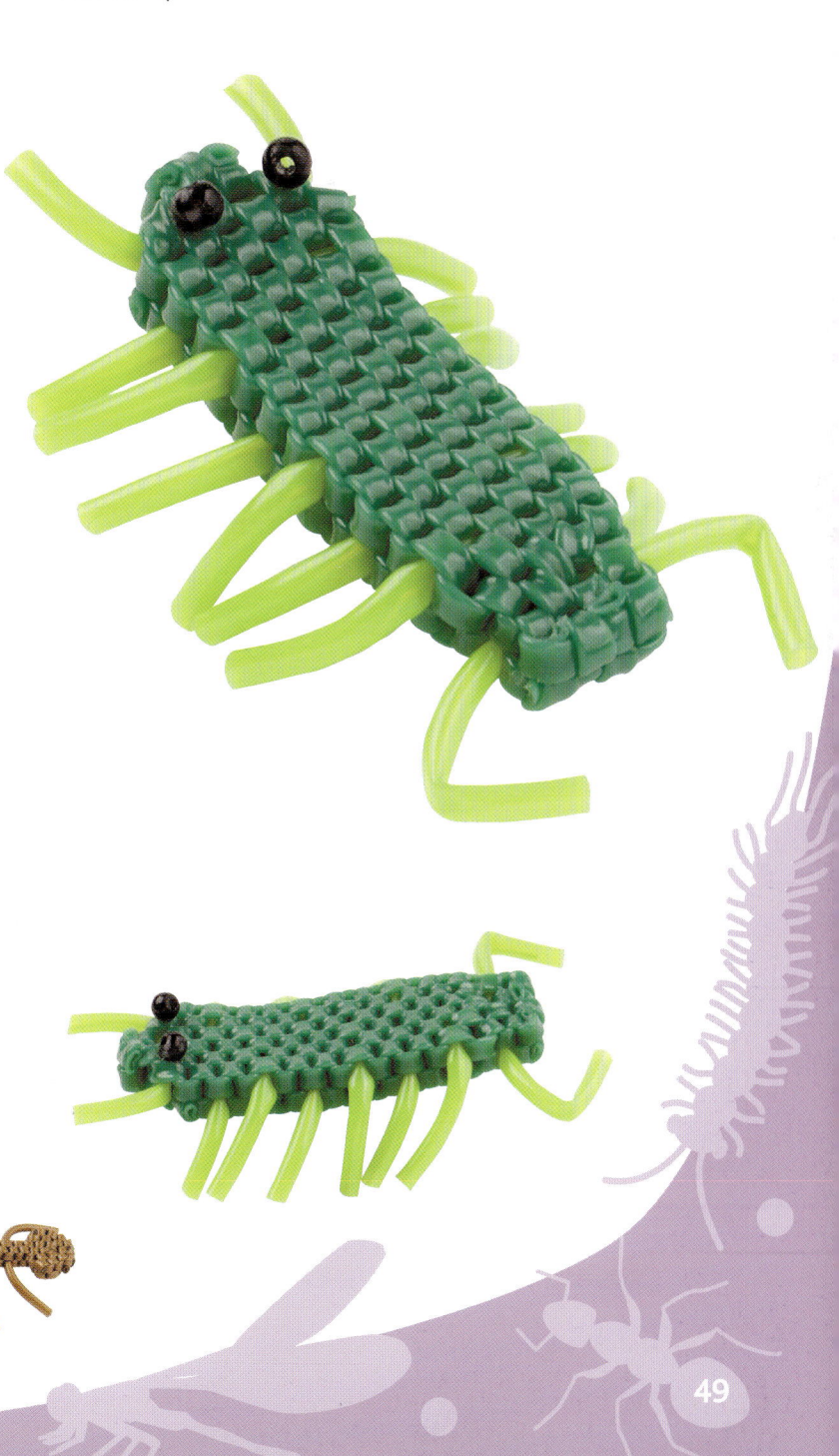

Petites bêtes pas bêtes

abeille

Matériel

★ fils à scoubidou jaunes :
1 de 40 cm, 1 de 5 cm
★ 1 fil à scoubidou noir de 40 cm
★ fil de fer fin
★ 2 perles grises
★ colle

1. Forme une **boucle simple** avec le fil jaune de 40 cm et le fil noir. Place bien les fils et réalise huit maillages carrés.

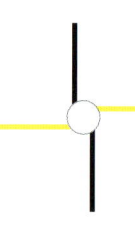

2. Arme le fil jaune de 5 cm et plie-le pour former un « 8 ». **Insère** les ailes au maillage suivant. Serre. Fais deux autres maillages carrés.

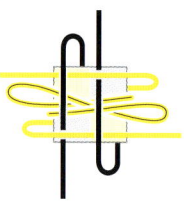

3. Coupe tous les fils. Colle les 2 perles grises en guise d'yeux.

Astuce

Le fil de fer glissé dans les ailes de l'abeille et de la libellule permet de les former plus facilement. Mais si tu te sens assez habile, tu peux supprimer cette armature...

libellule

Matériel

★ 2 fils à scoubidou bleus ou verts de 50 cm
★ fils à scoubidou transparents :
1 de 10 cm, 1 de 6 cm
★ fil de fer fin

1. Forme une **boucle simple** avec les 2 fils bleus et réalise dix maillages carrés.

2. Pour la 1re paire d'ailes, **arme** le fil transparent de 6 cm et forme un « 8 ». **Insère**-le au maillage suivant. Serre. Fais un maillage carré.

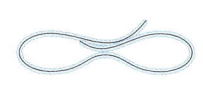

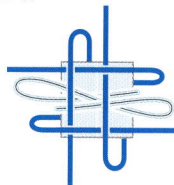

3. Au maillage suivant, réalise la 2e paire d'ailes comme la 1re avec le fil transparent de 10 cm. Puis fais deux maillages carrés. Coupe tous les fils.

mante-religieuse

Matériel

★ fils à scoubidou verts :
1 de 80 cm, 4 de 40 cm,
1 de 10 cm, 4 de 7 cm
★ fil de fer fort
★ fil de fer fin

1. Fais un **nœud simple** avec les 4 fils de 40 cm et réalise un maillage rond. Au maillage suivant, **insère** le fil de 80 cm. Serre.

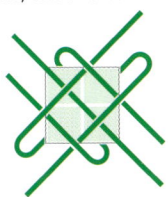

2. Fais onze maillages ronds creux à 6 fils en les plaçant tantôt dans le sens des aiguilles d'une montre, tantôt dans l'autre. Pour la 1re paire de pattes, **arme** un fil vert de 7 cm avec le fil de fer fort. **Insère**-le au maillage suivant. Serre.

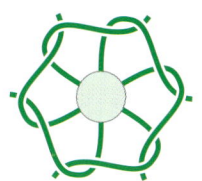

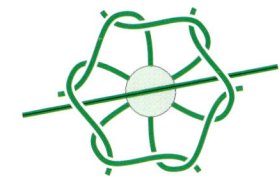

3. Fais trois autres maillages ronds creux dans les deux sens, puis fais un maillage rectangulaire.

4. Réalise la 2e paire de pattes comme la 1re et **insère**-la au maillage suivant. Serre. Fais sept maillages rectangulaires.

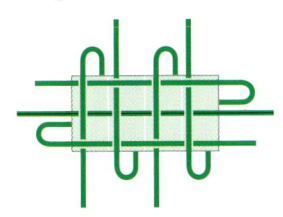

5. Au maillage suivant, réalise la 3e paire de pattes comme la 1re.

6. Diminue de 2 fils et réalise un maillage carré.

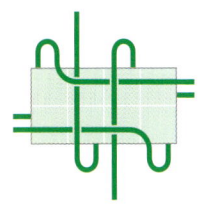

7. Au maillage suivant, **insère** le fil de 10 cm. Serre. Fais deux maillages rectangulaires à 6 fils.

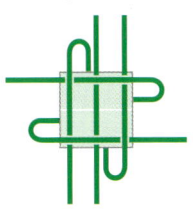

8. Au maillage suivant, **diminue** de 2 fils et **insère** le dernier fil armé pour les antennes. Fais un dernier maillage carré.

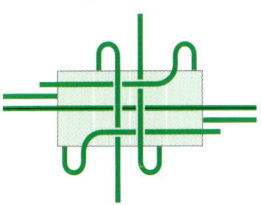

9. Défais le nœud. Coupe les fils. Raccourcis les pattes et les antennes.

Petites bêtes pas bêtes

coccinelle

Matériel

★ fils à scoubidou rouges :
2 de 50 cm, 7 de 35 cm
★ fils à scoubidou noirs :
4 de 15 cm, 3 de 3 cm, 5 de 1 cm
★ fil de fer fin

1. Fais un **nœud simple** avec les 2 fils rouges de 50 cm et les 6 fils rouges de 35 cm. Place bien les fils et réalise un maillage rectangulaire.

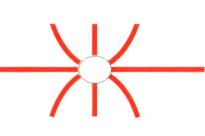

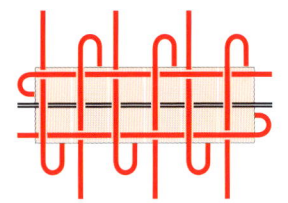

2. Pour la 1re paire de pattes, **arme** un fil noir de 3 cm. **Insère**-le au maillage suivant. Serre.

3. Au maillage suivant, **insère** le dernier fil rouge de 35 cm ainsi que 2 fils noirs de 1 cm selon le schéma pour faire les points. Serre.

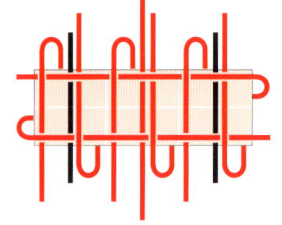

4. Fais un maillage rectangulaire avec les 10 fils sans le serrer. **Insère** un autre fil noir de 1 cm. Serre. Fais un maillage rectangulaire à 10 fils.

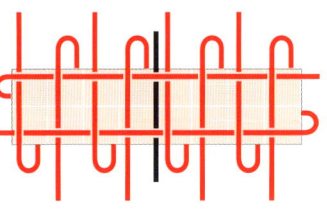

5. Au maillage suivant, réalise la 2e paire de pattes comme la 1re, **et en même temps**, **insère** les 2 derniers fils noirs de 1 cm. Serre.

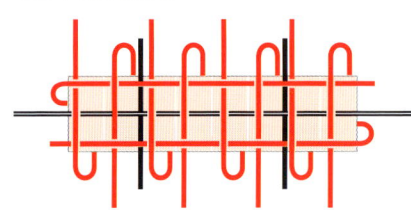

6. Diminue de 2 fils et fais un maillage rectangulaire à 8 fils.

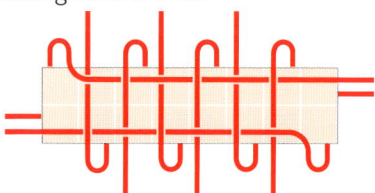

7. Au maillage suivant, change de couleur : **insère** les 4 fils noirs de 15 cm. Serre. Fais deux autres maillages.

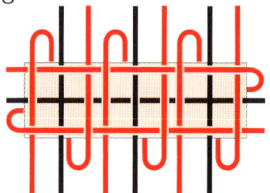

8. Au maillage suivant, réalise les antennes en les armant comme les pattes. Serre bien.

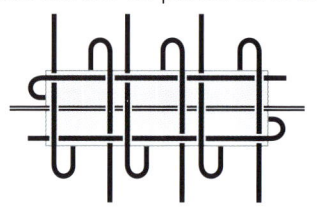

9. Défais le nœud. Coupe tous les fils puis raccourcis les pattes et les antennes.

Variante

Réalise une coccinelle noire à points rouges !

araignée

Matériel

★ fils à scoubidou noirs :
7 de 35 cm, 4 de 5 cm
★ fil de fer fin
★ 2 perles rouges moyennes
★ colle

52

1. Fais un **nœud simple** avec 6 fils noirs de 35 cm et réalise un maillage rectangulaire.

2. Au maillage suivant, **insère** le dernier fil noir de 35 cm. Serre. Fais trois maillages rectangulaires à 8 fils.

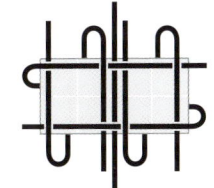

3. Pour les 4 paires de pattes, **arme** les fils noirs de 5 cm. **Insère** le premier au maillage suivant. Serre. Puis réalise un autre maillage. Répète cette étape trois autres fois.

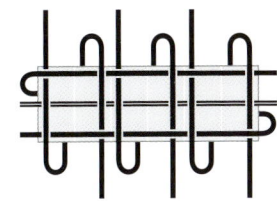

4. Diminue de deux fils et fais deux maillages rectangulaires à 6 fils.

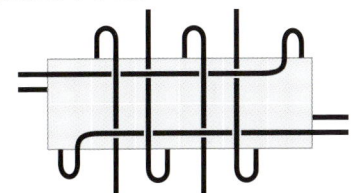

5. Défais le nœud. Coupe tous les fils. Pour les yeux, colle les 2 perles rouges.

scarabée

Matériel

★ fils à scoubidou vert irisé : 1 de 55 cm, 2 de 40 cm, 4 de 30 cm
★ fils à scoubidou noirs : 4 de 15 cm, 4 de 5 cm
★ fil de fer fin

1. Fais un **nœud simple** avec les 2 fils verts de 40 cm et les 4 fils verts de 30 cm. Place bien les fils et réalise un maillage rectangulaire.

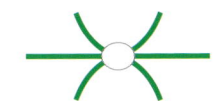

2. Au maillage suivant, **insère** le fil vert de 55 cm. Serre. Fais deux maillages rectangulaires à 8 fils.

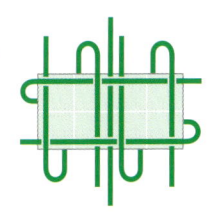

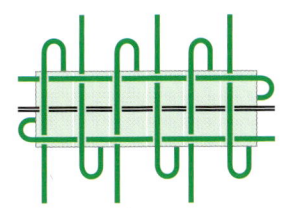

3. Pour la 1re paire de pattes, **arme** un fil noir de 5 cm. **Insère**-le au maillage suivant. Serre. Fais trois maillages rectangulaires.

4. Au maillage suivant, réalise la 2e paire de pattes comme que la 1re, puis fais un maillage rectangulaire.

5. Au maillage suivant, change de couleur : **insère** les 4 fils noirs de 15 cm. Serre. Fais un maillage avec les 8 fils noirs sans le serrer. **Insère** la 3e paire de pattes comme la 1re. Serre.

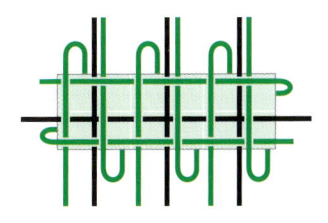

6. Diminue de 2 fils et fais un maillage rectangulaire avec les 6 fils noirs.

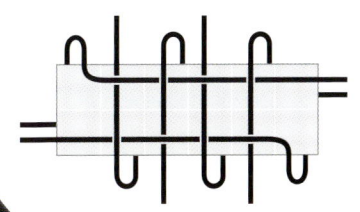

7. Au maillage suivant, **insère** les antennes armées comme les pattes. Serre bien.

8. Défais le nœud. Coupe tous les fils. Raccourcis les pattes et les antennes.

Variantes

Bleus ou marron irisé, dorés ou pailletés, amuse-toi à créer plein de scarabées aux jolies couleurs satinées…

Petites bêtes pas bêtes

petit papillon

Matériel

★ fils à scoubidou roses :
6 de 40 cm,
4 de 20 cm

★ fils à scoubidou bleu clair :
4 de 20 cm,
4 de 30 cm,
1 de 3 cm

★ fil de fer fin

★ colle

Les ailes

1. Fais un **nœud simple** avec 2 fils roses de 40 cm, 2 fils roses de 20 cm et 2 fils bleu clair de 20 cm. Place bien les fils et réalise un maillage rectangulaire.

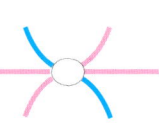

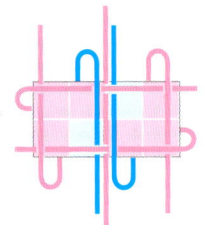

2. Au maillage suivant, **insère** un fil rose de 40 cm. Serre. Fais trois maillages rectangulaires à 8 fils.

3. Au maillage suivant, **insère** un fil bleu clair de 30 cm. Serre. Fais trois maillages rectangulaires à 10 fils.

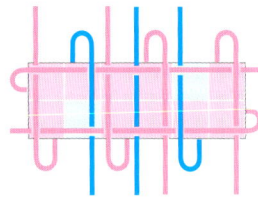

4. Défais le nœud. Repère les 2 fils qui seront à insérer.

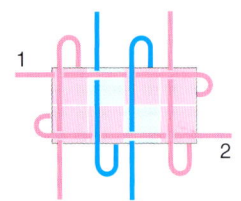

5. Réalise la 2e aile de la même manière.

Le corps

1. Fais un **nœud caché** avec les 2 derniers fils bleu clair de 30 cm. Réalise cinq maillages carrés.

2. Au maillage suivant, **insère** le fil du bas de chaque aile selon le schéma, en ajoutant un point de colle. Serre. Fais trois maillages carrés.

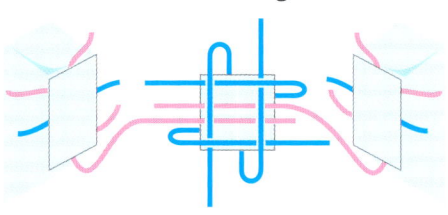

3. Au maillage suivant, **insère** le fil du haut de chaque aile comme celui du bas. Serre. Fais trois maillages carrés.

4. Pour les antennes, **arme** le fil bleu de 3 cm. **Insère**-le au maillage suivant. Serre. Fais un maillage carré.

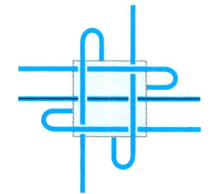

5. Coupe tous les fils.

Conseil

Pour éviter que les ailes des papillons se défassent, attends quelques maillages après leur insertion pour couper les fils.

grand papillon

Matériel

★ fils à scoubidou rouges : 8 de 40 cm, 12 de 20 cm

★ fils à scoubidou bleus : 4 de 40 cm, 4 de 30 cm

★ 4 fils à scoubidou jaunes de 20 cm

★ fils à scoubidou noirs : 4 de 30 cm, 1 de 5 cm

★ fil de fer fin

★ colle

Les petites ailes

1. Fais un **nœud simple** avec 2 fils rouges de 40 cm et 2 fils rouges de 20 cm. Place bien les fils et réalise un maillage carré.

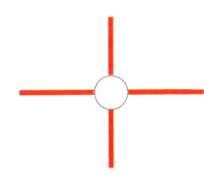

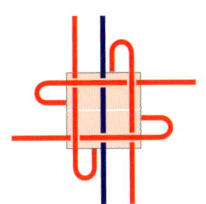

2. Au maillage suivant, **insère** un fil bleu de 40 cm. Serre. Fais trois maillages rectangulaires à 6 fils.

3. Au maillage suivant, **insère** un fil bleu de 30 cm. Serre. Fais deux maillages rectangulaires à 8 fils.

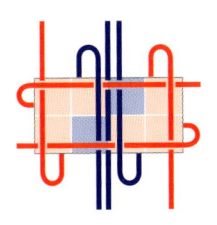

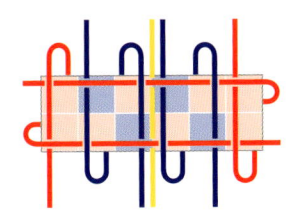

4. Au maillage suivant, **insère** un fil jaune de 20 cm. Serre. Fais trois maillages rectangulaires à 10 fils.

5. Défais le nœud du début. Repère les 2 fils qui seront à insérer.

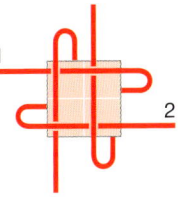

6. Réalise la 2e petite aile de la même manière.

Les grandes ailes

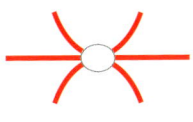

1. Fais un **nœud simple** avec 2 fils rouges de 40 cm et 4 fils rouges de 20 cm. Place bien les fils et réalise un maillage rectangulaire.

2. Au maillage suivant, **insère** un fil bleu de 40 cm. Serre. Fais trois maillages rectangulaires à 8 fils.

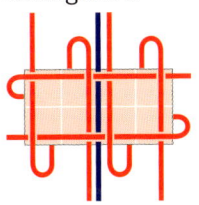

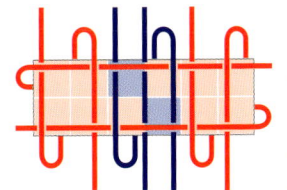

3. Au maillage suivant, **insère** un fil bleu de 30 cm. Serre. Fais deux maillages rectangulaires à 10 fils.

4. Au maillage suivant, **insère** un fil jaune de 20 cm. Serre. Fais trois maillages rectangulaires à 12 fils.

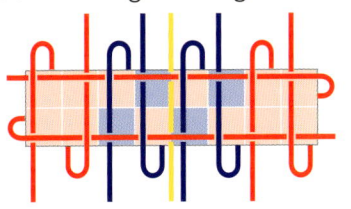

5. Défais le nœud du début. Repère les 2 fils qui seront à insérer.

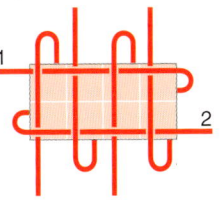

6. Réalise la 2e grande aile de la même manière.

Le corps

1. Fais un **nœud simple** avec les 4 fils noirs de 30 cm. Réalise sept maillages carrés.

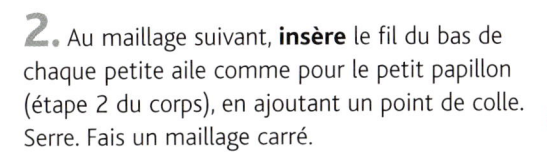

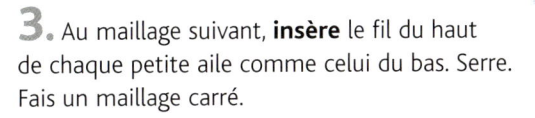

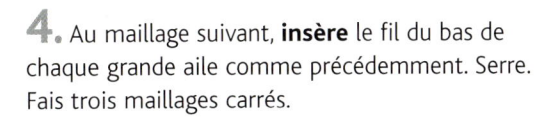

2. Au maillage suivant, **insère** le fil du bas de chaque petite aile comme pour le petit papillon (étape 2 du corps), en ajoutant un point de colle. Serre. Fais un maillage carré.

3. Au maillage suivant, **insère** le fil du haut de chaque petite aile comme celui du bas. Serre. Fais un maillage carré.

4. Au maillage suivant, **insère** le fil du bas de chaque grande aile comme précédemment. Serre. Fais trois maillages carrés.

5. Au maillage suivant, **insère** le fil du haut de chaque grande aile comme celui du bas. Serre. Fais deux maillages carrés.

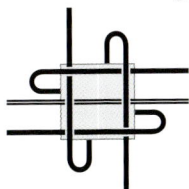

6. Pour les antennes, **arme** le fil noir de 5 cm. **Insère**-le au maillage suivant. Serre.

7. Défais le nœud. Coupe tous les fils. Raccourcis les antennes.

animaux du monde

Un ours blanc marrant, des manchots très beaux,
des flamants vraiment roses, des dromadaires,
des singes et des serpents peuplent
ce drôle de zoo.

ZOO

Animaux du monde

serpent

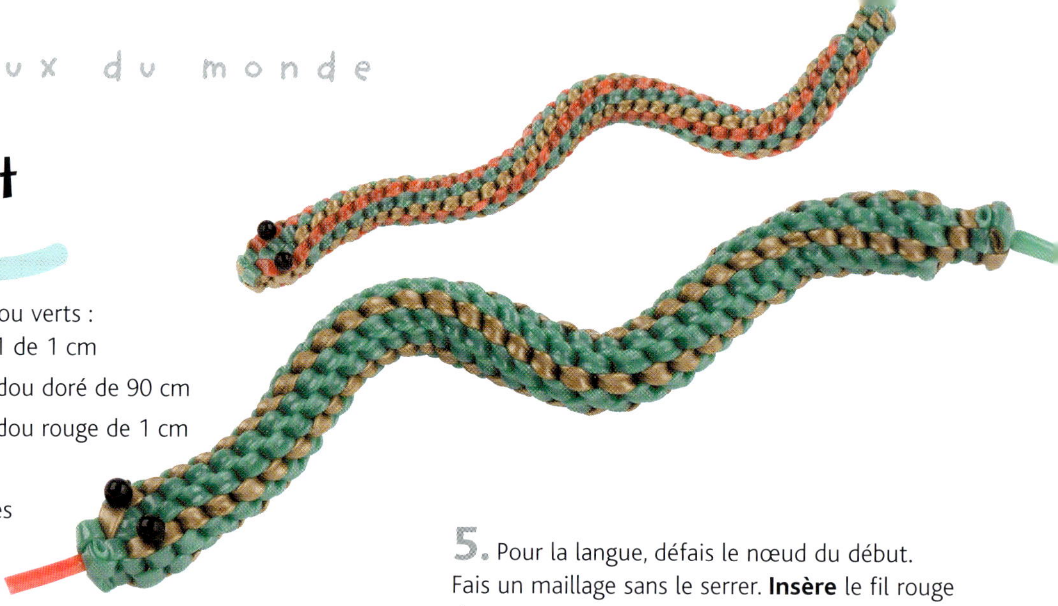

Matériel

★ fils à scoubidou verts :
4 de 45 cm, 1 de 1 cm
★ 1 fil à scoubidou doré de 90 cm
★ 1 fil à scoubidou rouge de 1 cm
★ fil de fer fort
★ 2 perles noires
★ colle

1. Fais un **nœud simple** avec les 4 fils verts de 45 cm et réalise un maillage carré.

2. Au maillage suivant, **insère** le fil doré et un fil de fer fort de 10 cm environ. Serre. Place les fils dorés à l'extérieur. Fais quatre maillages rectangulaires avec les 6 fils autour du fil de fer, puis environ soixante-cinq maillages ronds creux.

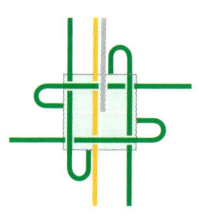

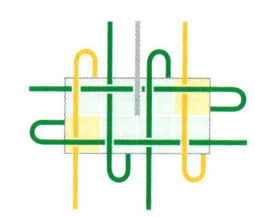

3. Diminue de 2 fils verts et fais un maillage rond avec les 4 fils restants.

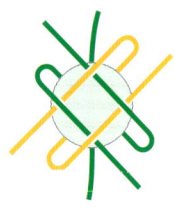

4. Pour la queue, **insère** le fil vert de 1 cm au centre du maillage suivant. Serre. Fais trois maillages.

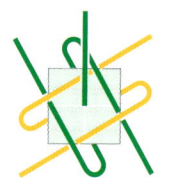

5. Pour la langue, défais le nœud du début. Fais un maillage sans le serrer. **Insère** le fil rouge de 1 cm au centre. Serre.

6. Coupe les fils. Pour les yeux, colle les 2 perles noires. Mets en forme le serpent.

Astuces

Ajoute un point de colle quand tu insères la langue et la queue. Pour réaliser un serpent tricolore, remplace 2 fils verts par 2 rouges à l'étape 1.

dromadaire

Matériel

- ★ fils à scoubidou orange : 12 de 90 cm, 2 de 20 cm, 4 de 15 cm, 3 de 3 cm
- ★ fil de fer fort
- ★ fil de fer fin
- ★ 2 perles noires
- ★ colle

1. Pour les pattes arrière, fais un **nœud simple** avec 4 fils de 90 cm en glissant un fil de fer fort de 9 cm au centre. Réalise vingt-cinq maillages ronds autour du fil de fer. Fais la 2e patte de la même manière.

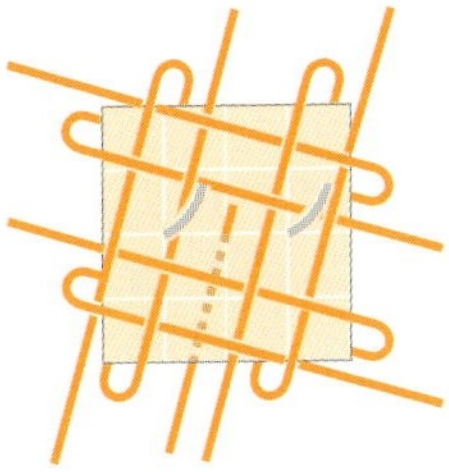

2. Pour la queue, **arme** un fil de 3 cm avec un fil de fer fin. Rassemble les fils des deux pattes. Place les 8 fils pour faire un maillage rond et **insère** la queue. Serre. Fais sept maillages.

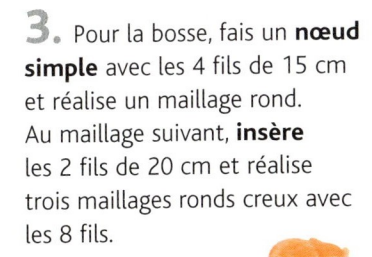

3. Pour la bosse, fais un **nœud simple** avec les 4 fils de 15 cm et réalise un maillage rond. Au maillage suivant, **insère** les 2 fils de 20 cm et réalise trois maillages ronds creux avec les 8 fils.

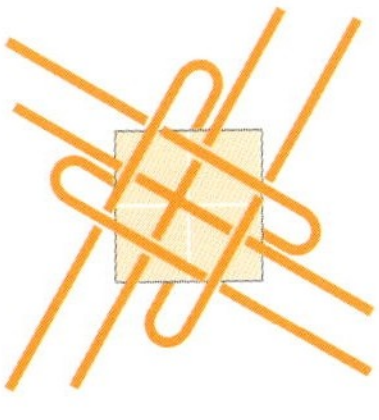

4. **Insère** un des fils de la bosse au maillage suivant du corps. Serre. Au maillage suivant, **insère** le fil opposé. Serre. Fais sept maillages.

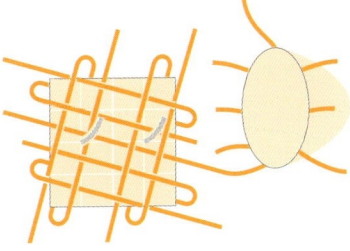

5. Réalise la 1re patte avant comme une patte arrière. **Insère** les fils de la patte avant au maillage suivant du corps. Serre. Tresse la 2e patte avant comme la 1re avec les fils qui dépassent.

6. Coupe un fil de fer fort du corps. **Diminue** de 2 fils et fais douze à dix-sept maillages de scoubidou spirale à 6 fils.

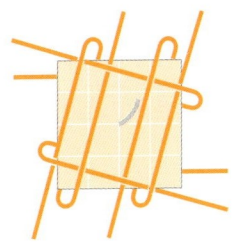

7. Pour les oreilles, **arme** 2 fils de 3 cm avec un fil de fer fin, plie-les et **insère**-les au maillage suivant, en veillant à bien les orienter. Serre. Fais trois maillages. Coupe le second fil de fer du corps.

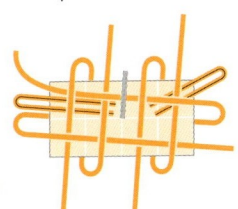

8. Termine par un **arrêt arrondi**. Défais les nœuds. Ajuste éventuellement la longueur des pattes en refaisant un maillage. Coupe tous les fils. Colle les perles en guise d'yeux.

Animaux du monde

manchot

Matériel

★ fils à scoubidou bleus ou noirs :
2 de 40 cm, 5 de 30 cm, 1 de 5 cm
★ fils à scoubidou blancs :
2 de 30 cm, 1 de 20 cm
★ 1 fil à scoubidou jaune de 2 cm
★ fil de fer fin
★ 2 perles grises
★ colle

1. Fais un **nœud simple** avec 2 fils bleus de 40 cm et 4 fils bleus de 30 cm. Place bien les fils et réalise un maillage rectangulaire.

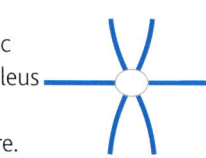

2. Au maillage suivant, **insère** le dernier fil bleu de 30 cm. Serre. Fais trois maillages rectangulaires avec les 8 fils.

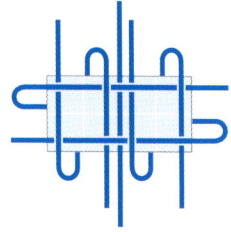

3. Pour la bouche, **insère** le fil jaune au maillage suivant. Serre. Fais un maillage.

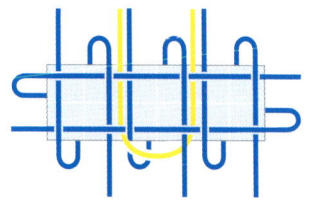

4. Au maillage suivant, **insère** les 2 fils blancs de 30 cm à la place des 4 fils bleus centraux. Serre. Place bien les 8 fils et fais deux maillages.

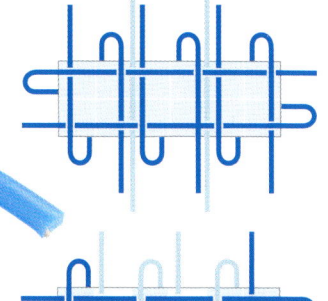

5. Pour les ailes, **arme** le fil bleu de 5 cm et **insère**-le au maillage suivant. Serre. Fais un maillage.

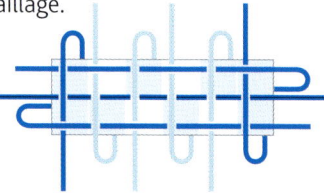

6. Au maillage suivant, **insère** le fil blanc de 20 cm. Serre. Fais quatre maillages rectangulaires avec les 10 fils.

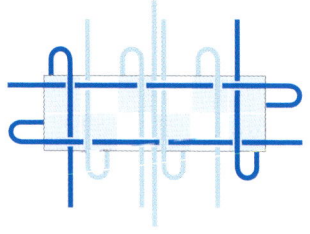

7. Laisse les 4 fils centraux en attente. Pour chaque patte, fais quatre maillages avec les 3 fils extérieurs.

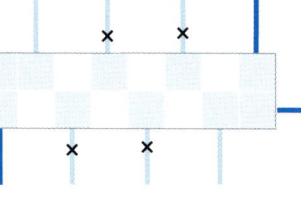

8. Défais le nœud. Coupe tous les fils. Colle les 2 perles grises pour faire les yeux. Raccourcis les ailes si nécessaire.

ours blanc

Matériel

★ fils à scoubidou blancs :
18 de 90 cm, 2 de 3 cm
★ 2 fils à scoubidou noirs de 10 cm
★ fil de fer fort
★ fil de fer fin

1. Pour les pattes arrière, fais un **nœud simple** avec 6 fils blancs de 90 cm en glissant un fil de fer fort de 9 cm au centre. Réalise dix-neuf maillages ronds creux autour du fil de fer. Fais une 2e patte arrière de la même manière.

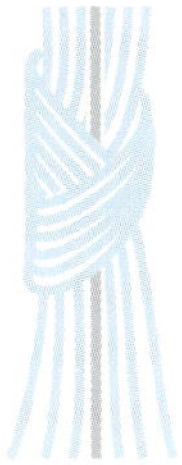

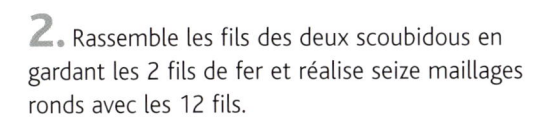

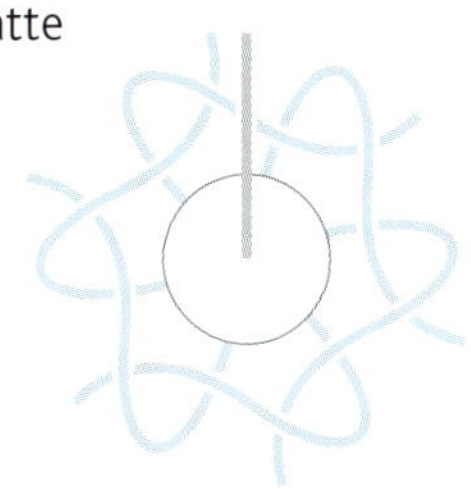

2. Rassemble les fils des deux scoubidous en gardant les 2 fils de fer et réalise seize maillages ronds avec les 12 fils.

3. Réalise la 1re patte avant comme une patte arrière. **Insère** les fils de la patte avant au maillage suivant du corps. Serre. Fais trois maillages sur le corps, puis tresse la 2e patte avant comme la 1re avec les fils qui dépassent.

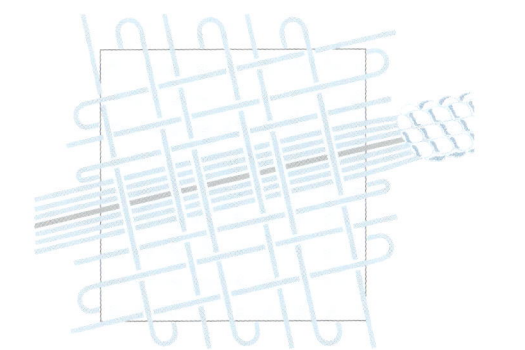

4. Coupe un fil de fer du corps. **Diminue** de 4 fils, et fais quatre maillages ronds avec les 8 fils.

5. Pour les oreilles, **arme** les 2 fils blancs de 3 cm avec un fil de fer fin. Plie-les et **insère**-les au maillage suivant en veillant à bien les orienter. Serre. Coupe le second fil de fer fort. Fais un maillage.

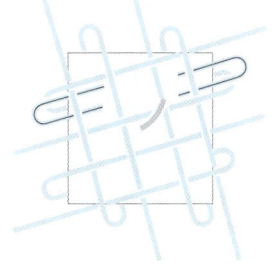

6. Au maillage suivant, change de couleur : **insère** les 2 fils noirs. Serre. Fais un maillage rond.

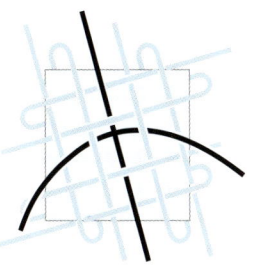

7. Termine par un **arrêt arrondi**. Défais le nœud du début de chaque patte et fais un maillage rond (ou 2 pour équilibrer l'ours). Coupe tous les fils.

Animaux du monde

flamant rose

Matériel

★ fils à scoubidou blancs : 2 de 15 cm, 2 de 4 cm
★ 7 fils à scoubidou roses de 90 cm
★ fil de fer fort
★ 2 perles noires
★ colle

1. Fais un **nœud caché** avec les 2 fils blancs de 15 cm et réalise deux maillages ronds.

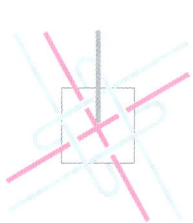

2. Change de couleur au maillage suivant : **insère** 2 fils roses et un fil de fer fort de 6 cm au centre. Serre. Fais trois maillages ronds avec les 4 fils roses autour du fil de fer.

3. Au maillage suivant, **insère** un fil rose. Serre. Fais cinq maillages ronds creux avec les 6 fils roses.

4. Diminue de 2 fils et réalise quinze maillages ronds avec les 4 fils roses.

5. Au maillage suivant, **insère** 2 fils roses. Serre.

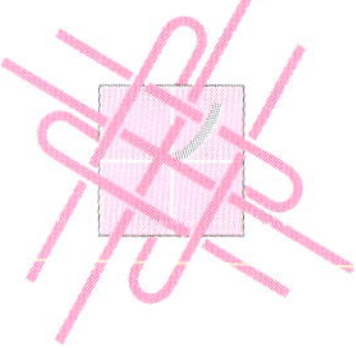

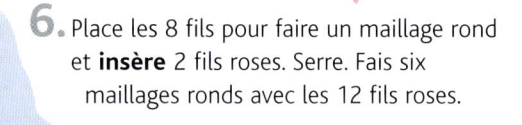

6. Place les 8 fils pour faire un maillage rond et **insère** 2 fils roses. Serre. Fais six maillages ronds avec les 12 fils roses.

7. Pour les pattes, **arme** les 2 fils blancs de 4 cm. **Insère**-les au maillage suivant. Serre. Fais deux maillages. Coupe le fil de fer fort si nécessaire.

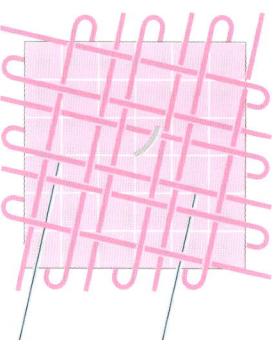

8. Diminue de 8 fils et fais cinq maillages ronds avec les 4 fils roses centraux.

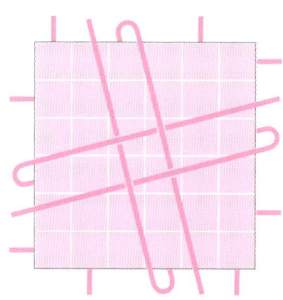

9. Coupe les fils et mets le flamant rose en forme. Pour faire les yeux, colle les 2 perles noires. Raccourcis les pattes si nécessaire.

Singe

Matériel

- ★ fils à scoubidou marron : 6 de 90 cm, 1 de 60 cm, 3 de 45 cm, 3 de 30 cm
- ★ fils à scoubidou orange : 3 de 20 cm, 2 de 2 cm
- ★ fil de fer fort
- ★ fil de fer fin

1. Pour les pattes arrière, fais un **nœud simple** avec 3 fils marron de 80 cm en glissant un fil de fer fort de 6 cm au centre. Réalise dix-huit maillages autour du fil de fer. Fais la 2e patte de la même manière.

2. Insère le fil marron de 60 cm au maillage suivant de chaque patte. Serre.

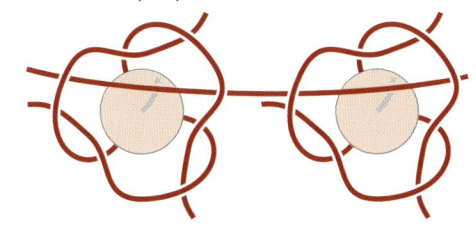

3. Réalise la queue comme une patte avec les 3 fils marron de 30 cm et un fil de fer fort de 4 cm.

4. Rassemble les fils des 2 pattes en gardant les 2 fils de fer. Place les 8 fils pour faire un maillage rond et **insère** la queue. Serre. Fais onze maillages.

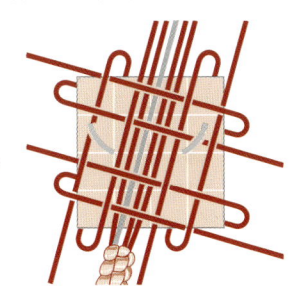

5. Avec les 3 fils marron de 45 cm, réalise la 1re patte avant comme une patte arrière en tressant trois maillages de plus.

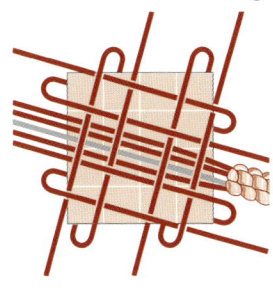

6. Au maillage suivant du corps, **insère** les fils de la patte avant. Serre. Fais un maillage. Tresse la 2e patte avant comme la 1re avec les fils qui dépassent.

7. Coupe un fil de fer fort. **Diminue** de 2 fils. Fais trois maillages ronds creux avec les 6 fils marron.

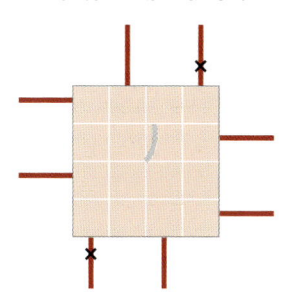

8. Pour les oreilles, **arme** les 2 fils orange avec un fil de fer fin, plie-les et **insère**-les au maillage suivant. **Insère en même temps** les 3 fils orange de 20 cm pour changer de couleur. Serre.

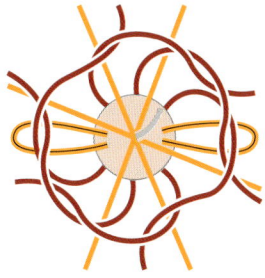

9. Coupe l'autre fil de fer fort. Fais trois maillages ronds creux avec les 6 fils orange.

10. Diminue de 2 fils et réalise deux maillages ronds avec les 4 fils orange.

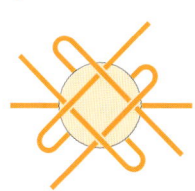

11. Défais les nœuds. Refais un maillage à chaque patte si nécessaire pour équilibrer le singe. Coupe les fils. Mets en forme le singe.

Astuce

Pour bien fixer la queue, ajoute un point de colle quand tu l'insères.

Aux Éditions Fleurus

Autour des scoubidous...

Collection Activités Fleurus Junior
Scoubidou-folies

Kit avec mes 10 doigts
Scoubidou-folies

Kit Les Bricolous
Scoubidous rigolos
Scoubidous brillants

Dans la même collection

Fêtes d'enfants
Déguisements pour tous
Maquillages en cinq minutes
Ballons sculptés
Un monde fou en scoubidous
Un monde fou en perles de rocaille
Tissage de perles avec un métier
Mon scrap à moi
Le crochet c'est tendance
Le tricotin, j'adore
Initiation à l'origami
Jouer aux échecs dès 4 ans
La magie du papier
Mes tours de cartes
Le grand cirque des illusions d'optique
Une année de danse
Une année au poney-club

Kit idées-jeux
Initiation à l'origami